浙江省普通本科高校"十四五"重点立项建设教材
管理学科一流专业建设系列教材
国家级一流本科专业建设点（信息管理与信息系统）建设教材

社交媒体与社会网络分析

主　编　童　昱

副主编　曹仔科　彭希羡

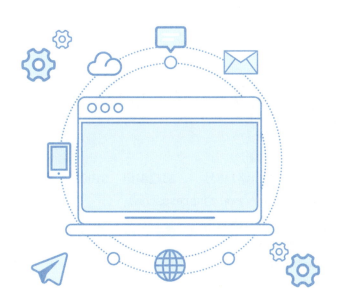

ZHEJIANG UNIVERSITY PRESS
浙江大学出版社
·杭州·

图书在版编目（CIP）数据

社交媒体与社会网络分析 / 童昱主编. -- 杭州 ：
浙江大学出版社，2024. 6. -- ISBN 978-7-308-25114-3

Ⅰ. G206.2；C912.3

中国国家版本馆CIP数据核字第2024PY6727号

社交媒体与社会网络分析

SHEJIAO MEITI YU SHEHUI WANGLUO FENXI

童　昱　主编

策划编辑	曾　熙	
责任编辑	曾　熙	
责任校对	郑成业	
封面设计	周　灵	
出版发行	浙江大学出版社	
	（杭州市天目山路148号　　邮政编码　310007）	
	（网址：http://www.zjupress.com）	
排　　版	杭州林智广告有限公司	
印　　刷	杭州捷派印务有限公司	
开　　本	787mm×1092mm　1/16	
印　　张	10.25	
字　　数	200千	
版 印 次	2024年6月第1版　2024年6月第1次印刷	
书　　号	ISBN 978-7-308-25114-3	
定　　价	39.80元	

"管理学科一流专业建设系列教材"
编委会

（按姓氏笔画排序）

主　任：吴晓波　魏　江

委　员：朱　原　李文腾　杨　翼　周伟华
　　　　谢小云　窦军生　潘　健

　　党的二十大报告指出，"加快发展数字经济，促进数字经济和实体经济深度融合，打造具有国际竞争力的数字产业集群"，"健全网络综合治理体系，推动形成良好网络生态"。①

　　在数字时代，社交媒体的兴起改变了人们的交流方式，同时也为企业更深入地了解消费者带来了全新的路径。一方面，社交媒体为企业洞察市场与消费者行为提供了巨大的可能性；另一方面，社交媒体平台上产生的数据因其体量庞大、质量参差不齐，无法直接使用，需要运用科学的方法精准地发掘其商业价值。《社交媒体与社会网络分析》一书旨在深入探讨社交媒体的特征属性、营销策略，并以社会网络为切入点，指导读者通过数据驱动的分析来优化社交媒体营销策略，实现更精准的目标定位和更高效的市场渗透。

　　本书的写作架构如下：第一章与第二章首先从社交媒体的基本概念和技术基础入手，回顾了社交媒体的发展历程，并比较了境内外社交媒体的差异。不仅关注社交媒体本身，更重视其背后的社会网络结构，探讨了社交媒体网络如何促成信息流动、意见形成和社会互动。第三章与第四章聚焦介绍社交媒体营销体系，通过理论、工具、案例多维度展示企业如何利用社交媒体实现品牌的有效传播和销售增长。第五章至第七章着重介绍如何通过社会网络分析进行数据驱动的社交媒体营销决策，包括社会网络的基本概念与分析方法，并结合社交媒体属性探讨如何基于社交媒体网络数据进行关键节点识别与推荐设计。第八章和第九章通过介绍社会网络的随机图模型和创新扩散网络模型，为读者提供理解和分析动态复杂网络的工具。这些模型不仅有助于我们深入理解社交媒体上的互动模式，也为预测和引导消费者行为提供了理论基础。

　　本书的主要特点如下：第一，实用性强，突出数据驱动的社交媒体数据分析的能力训练。第二，理论与案例结合，每章均包含多个案例并加以分析，帮助读者将理论知识与实际应用相结合。第三，融入跨学科内容，结合了管理学、数据科学和图论等

---

①　习近平. 高举中国特色社会主义伟大旗帜 为全面建设社会主义现代化国家而团结奋斗：在中国共产党第二十次全国代表大会上的报告 [N]. 人民日报，2022-10-26（01）.

多个学科的理论和方法，为读者提供了一个多维度的分析框架。

　　参与本书编写、统筹的人员包括薄焱、丁镛、韩思雨、金浩峰、李佳颖、李易晴、刘雅媛、王珉琛、肖珏琳、周灵逸（按照姓氏拼音排序）。

　　作为国家级一流本科专业建设点（信息管理与信息系统）建设教材，本书重在培养新文科背景下管理专业的学生对商务大数据的分析和决策能力。同时，本书也适合对社交媒体运营、营销和数据分析感兴趣的学者和专业人士使用。我们希望本书能够成为连接理论与实践、技术与商业的桥梁，为读者提供深刻洞见商业机遇的视角和实用的工具。在社交媒体的浪潮中，让我们一起探索、学习和成长。

编　者

2024 年 2 月

目 录

CONTENTS

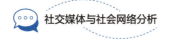

社交媒体与社会网络分析

第一章

社交媒体与社会网络导论

【学习目标】

当阅读完本章时,你将能够:

1. 阐释社交媒体的定义及当下流行的媒介种类。
2. 比较社交媒体与传统媒体的异同点。
3. 描述社交媒体形成的技术基础。
4. 描述社交媒体中的社会网络及其应用场景。
5. 了解境内外主流社交媒体的发展史。

⟲ 开篇案例

张小泉:老字号转型困境与社交媒体舆论争议

"张小泉"是中国刀剪行业的驰名商标,创建于1628年,也是商务部认定的第一批中华老字号。刀剪具是张小泉股份有限公司(以下简称张小泉公司)的传统优势产品。2019年,张小泉公司在深圳证券交易所创业板挂牌上市。2022年,张小泉公司屡屡登上社交媒体热搜榜,并引起了较大的舆论争议。

2022年7月14日,广州的一位消费者发布了一张与张小泉公司客服聊天的截图,消费者反映拍蒜时刀面断裂,而客服回应称"菜刀不能拍蒜"。这一有悖于国民做菜习惯的言论迅速引起了人们在社交平台的热议。次日,张小泉公司为不当沟通方式道歉,但依然没能挽回股价下跌的颓势。7月15日,张小泉公司股价跌幅达4%。7月18日,一段早前张小泉公司总经理接受访谈的视频开始在网络上传播,视频中他谈及"所有的米其林厨师都不是中国人这种切菜方法。我们把刀前面的头斜过来,那不是设计感,那是消费者教育"。之后,"张小泉总经理称中国人切菜方法不对"这一话题迅速冲上热搜并持续发酵,话题阅读量达8.4亿,讨论次数达6万余次。随后,张小泉公司总经理在微博发布回应视频,称视频并未根据当时的情境与语境描述,并为近期舆论道歉。一周之内"张小泉总经理道歉""张小泉为什么不能拍

蒜""王麻子直播间拍蒜"等相关话题迅速登上热搜，多个话题阅读量过亿。

实际上，在张小泉公司相关话题引发热议的背后，反映了老字号企业转型的困难。2017—2021 年，张小泉公司收入节节攀升，但其母公司股东的净利润增速则持续下降。张小泉公司年报及公开财报称，公司期望通过消费者教育持续提升品牌影响力，获得更大的市场份额，完成从厨房刀剪品牌向品质家居生活品牌的转型升级战略。伴随着品牌曝光度和知名度的提升，张小泉公司用于品牌宣传和产品推广的销售费用也在迅速增长。2017—2021 年，张小泉公司销售费用持续上升。2021 年，张小泉的销售费用已达 1.17 亿元，是研发费用的 5 倍多。为了提升年轻消费者对产品的认知度，张小泉在各类社交媒体（如抖音、小红书等）上进行了高强度的推广，并在淘宝、京东、拼多多等平台开设旗舰店，在天猫、抖音、快手等平台进行多场直播带货活动。公开年报称，2021 年，张小泉公司全平台曝光量达 2.1 亿次。

蓬勃发展的社交媒体为企业带来了更丰富的销售渠道，但如何利用好社交媒体进行推广和营销也是许多企业当下面临的关键问题。受行业激烈竞争的影响，众多老字号企业纷纷触网，通过包括社交媒体在内的数字化渠道进行品牌营销和推广，这在一定程度上能提升产品和品牌的知名度，尤其是产品在年轻消费者群体中的知名度。然而，在积极拥抱新业态、增强推广和销售力的同时，品牌也应利用各项社交媒体做好必要的品牌管理和企业规范，搭建品牌与消费者的沟通桥梁，助推老字号创业复兴。

（资料来源：根据网络相关资料整理）

第一节　社交媒体概述

一、社交媒体的概念

（一）社交媒体概念的内涵与特点

社交媒体（social media），也叫社会化媒体，是人们利用社交平台和工具来进行创作和分享，交流观点、经验、意见的虚拟社区和网络平台。如今的社交媒体能以多种信息形式呈现，包括文本、图片、音频、视频等。目前用于实现社交互动与对话的流行媒介种类包括微博、微信、抖音、播客、视频日志、维基、Facebook（脸书）、Instagram（照片墙）、Twitter（推特）等。

社交媒体最突出的特点在于用户拥有了更多选择及编辑的权利，并可自发形成用于交互、沟通与协作的各种社群。从本质上来说，社交媒体是社交技术、社会内容与社交互动共同提供价值的混合体，是社区经济的产物。

社交媒体的产生离不开 Web 2.0 的发展。Web 2.0 是指第二代基于互联网的工具和服务，在第一代互联网（Web 1.0）中，内容创造者很少，绝大多数用户是内容的消费者，单向信息的沟通占据多数；而在 Web 2.0 中，人们通过网络应用完成人与人之间的信息交换与协同合作，更加以用户为中心，其突出特点是用户同时是内容的生产者与内容的消费者。Kaplan 和 Haenlein（2010）把社交媒体定义为"建立在 Web 2.0 的思想和技术基础上，鼓励使用者自主原创信息内容的创作和交流的互联网应用"；Kawasaki 和 Fitzpatrick（2014）将社交媒体定义为"所有使用了 Web 2.0 概念的网站及网络应用，如博客、维基百科、社交视频等"。

和其他所有媒体一样，社交媒体为用户提供基于文本、声音、图片和视频等形式的娱乐、学习、协作等内容。社交媒体主要包含 3 个部分，这 3 个部分表现了社交媒体区别于其他传统媒体的特征（具体差异详见本节末）。

第一，媒体组件（应用程序）。社交媒体是富媒体（rich media）的一种应用，通常以文字、声音、图片、影像或其他交互式信息等多种形式呈现。

第二，社会网络站点/服务。社交媒体作为一种社会网络平台和网站（social network sites），可以帮助用户建立公共资料并提供多种让用户交互起来的方式，为拥有共同情感和喜好的使用者创造一个相识的环境。社会网络服务（social network service，SNS）专指帮助人们建立社会性网络的互联网应用服务。

第三，社交媒体活动。社交媒体可实现的功能十分丰富，用户可使用社交媒体完成包括对话、分享、推荐在内的各项活动。

（二）社交媒体的功能

与 Web 1.0 时代的互联网应用不同的是，社交媒体更注重人与人之间的人际交互，人们不再单纯是信息的接收方，还可利用社交媒体实现更多的功能。Kietzmann、Hermkens 和 McCarthy 等人（2011）总结了当前社交媒体的 7 种功能。

1.内容分享

用户可借助社交媒体实现内容分享。比如，人们在网络论坛（如百度贴吧）上交流、聊天，进行视频和图片互动，这体现了用户之间交换、分发和接受信息的程度。

2.实现社会临场感

作为通信媒体的一种，用户可借助社交媒体与他人产生联系，实现社会临场感。社会临场感是媒体的一种属性，指在用户利用媒体进行沟通的过程中，一个人被视为"真实的人"的程度及与他人联系的感知程度（Parker、Short 和 Williams 等，1978）。用户可借助社交媒体在特定的时间确定其他用户的状态，知道其他用户当前是否可进行沟通。这体现了用户之间的亲近程度。

3. 进行对话

许多社交媒体提供了聊天工具（如微信聊天、微博私信等）可以实现人与人之间的对话。这些均体现了用户在社交媒体中和其他用户进行交流的程度。

4. 建立关系

用户之间可在社交媒体上通过各种方法与其他用户建立联系。例如，你能够进入微信中的群组或者在微博关注某人。这些均体现了用户和其他用户关联的程度。

5. 建立声望

这是指社交媒体可以帮助用户了解自身或他人在社会网络中的地位。例如，微博上的认证功能可帮助用户识别他人或自己在社交媒体中的影响力。这体现了用户可识别他人与自己地位的程度。

6. 公开身份

公开自己的身份是许多社交媒体的关键部分。拥有完备的身份信息是构建社会联系的基础，许多社交媒体可让用户自由填写并选择是否公开个人信息。这体现了用户在使用社交媒体时透露身份的程度。

7. 形成社区结构

由于社交媒体整体规模巨大，在许多社交媒体上用户可自由建立小众社区。例如，在微信上，人们可以自由组建微信群组；微博的关注功能也使得用户可以关注自己感兴趣的博主，拥有自己的粉丝群体，进行更密切的互动。这体现了人们能够自发建立社区和子社区的程度。

二、社交媒体形成的技术基础

在社交媒体出现之前，信息的传播经历了口头传播、文字传播、印刷传播等方式。随着互联网的发展及智能设备的不断迭代更新，社交媒体逐渐走入大众视野并开始蓬勃发展。相关技术的革新使得多样化的社交媒体平台互动规则的设计成为可能，也带动人们社交理念的变化。以下介绍社交媒体形成和发展过程中的几种重要技术。

（一）万维网技术

万维网是人类历史上传播最深远、使用最广泛的传播媒介。万维网，也即www，是 world wide web 的缩写，由蒂姆·伯纳斯·李在 1989 年发明。互联网的雏形可以追溯到 20 世纪 60 年代，但在当时，不同的计算机之间有着不同的操作系统和不同的文件格式，跨平台的信息文件往往相互独立，成为信息孤岛，查找信息受到极大的限制。万维网通过超文本标记语言将网络上分布在不同计算机内的信息组织成超文本，并通过超文本传输协议实现从任意 Web 服务器到 Web 浏览器上的信息检索。

万维网变革了信息存储和获取的方式，使得全世界的人们可以进行大规模的相互交流。基于万维网程序的各类网站、网页的迅速普及，也为各类社会网络站点的兴起奠定了基础。

（二）Web 2.0 与社会网络服务网站

Web 2.0 也被称为参与式网络，它并不是一个技术标准，而是用来阐述技术转变的术语，指的是利用 Web 平台，形成以用户为中心的互联网产品的发展模式。Web 2.0 的核心概念是互动、分享与联系，Web 2.0 通过新的网络应用促进网络上的信息交换和协同合作。Web 2.0 的显著特点包括用户参与网站内容生成、强交互性、去中心化、网站符合 Web 标准等。Web 2.0 的代表性服务包括以下内容。

1.博客

博客（blog），也叫网络日志，可通过帖子、图片、视频等方式记录生活、抒发情感、分享知识或与他人互动。

2.维基

维基（wiki）是一种简便开放的用户协作工具，可由浏览器访问并允许每个用户对共同的内容进行编辑与维护。

3.简易信息聚合

简易信息聚合（really simple syndication，RSS）是一种内容包装与投递协议，可用来聚合多个网站的更新内容并自动通知订阅者，经常被用在博客和维基百科中。

社交媒体可被认为是帮助人们利用 Web 2.0 技术创造文本、图像、音频、视频等媒体内容以实现社交互动、建立社会性网络的媒介。基于这一概念，理论上每位用户可以有自己的博客、维护自己的维基、拥有自己的播客。用户通过标签、邮件、即时通信、RSS 等方式连接起来，通过"熟人的熟人"的方式将社交圈逐渐放大或将用户通过共同兴趣、共同经历进行聚集，最终形成大型的社会网络，这就是社会网络服务的基本思想。

（三）无线智能终端设备的普及

无线智能终端是指配备开放性技术，可加载一定的应用程序并完成一定功能的装置，如智能手机、平板电脑、电子阅读器等。其特征可以总结为：采用开放式操作系统网络平台、具有掌上电脑（personal digital assistant，PDA）的功能、通过无线接入方式直接接入网络、可扩展性极强且功能强大。其逻辑结构又可分成上、中、下 3 个层面，分别是应用领域、控制系统、智能硬件。其中，处于上层的应用领域为 E-mail（电子邮件）、Office（办公软件）、GPS（global positioning system，全球定位系统）、

SNS等；而处于中层的控制系统则包含了开放式智能控制系统[Windows Mobile（微软公司开发的智能手机操作系统）、iOS（苹果公司开发的移动操作系统）、Android（谷歌公司和开放手机联盟开发的移动操作系统，即安卓系统）、Black Berry（加拿大 Research in Motion 公司开发的一种无线手持邮件解决终端设备，即黑莓系统）等]和控制平台两方面；居于深层的硬件部分，一般包含数据处理器、存储器、屏幕和摄像头等。

目前，常见的无线智能终端设备有智能手机、平板电脑、智能手表等。

（四）移动通信技术的进步

移动通信技术作为网络的基础和数字技术的支柱，其升级进程在一定程度上引导了互联网和经济增长的发展方向。移动通信是移动体之间的通信，或移动体与固定体之间的通信。

移动通信技术经历了从模拟信号到数字信号，从 2G、3G、4G 到目前的 5G 再到正在研发的 6G 的发展历程。工业和信息化部公布的 2023 年上半年通信业经济运行情况的数据显示，截至 2023 年 6 月 30 日，三家基础电信企业的移动电话用户总数达 17.10 亿户，比 2022 年年末净增 2653 万户。其中，5G 移动电话用户达 6.76 亿户，比 2022 年年末净增 1.15 亿户，占移动电话用户的 39.5%，占比较 2022 年年末提高 6.2 个百分点。

随着技术的不断进步，移动通信的速度和可靠性不断提高，应用场景也不断拓展，社交媒体的迅速发展正是得益于移动通信技术的进步。在 5G 和 6G 时代，移动通信技术将在超高速智能移动终端设备的基础上，实现超高速无线信息传输，提供超高清多媒体娱乐、超大规模物联网业务和人工智能机器通信等业务，满足人们对高速数据传输和海量数据流量的需求。

三、社交媒体与传统媒体

随着社交媒体的蓬勃发展，社交媒体为人们的社交生活提供了一个又一个热烈讨论的话题。社交媒体也在变革原有的传播方式。在社交媒体传播出现之前，较为普遍的信息传播方式是大众媒体（mass media）与个人媒体（personal media）。

大众媒体，又叫大众传媒，指通过大众传播接触大量受众的传播媒体。大众媒体的传播主体通常是公信力较高的特定社会集团，传播的媒介通常包括报纸、杂志、书籍、广播、电视等。大众媒体的主要特点是受众广、传播高效、单向传播。

个人媒体与大众媒体不同，可指任何一种为个人提供个人交际与个性化表达的媒介，通常表现为小范围的双向沟通，如电子邮件、电话、传真等。电话、传真等传播手段自 20 世纪 60 年代开始向个人开放。而数字时代的信息通信技术革命性地赋予了用户对内容制作和分发的控制权。网络时代的个人媒体通常借助于手机等移动终端进行内容的创作和传播。

由于社交媒体用户包括传统媒体的职业传播者与非职业的个人用户，因此社交媒体往往兼具大众媒体与个人媒体的特点。同时，社交媒体又有如下区别于其他传统媒体的特点。

第一，载体。传统媒体的载体为报纸、杂志、户外平面、广播、电视等固定传播渠道；社交媒体的载体通常为各种网络渠道，如微博、微信、Facebook 等网络渠道。

第二，传播者属性。传统媒体属于中心化媒体，使用者大多是职业传播者，专业程度较高，媒体和受众的界限分明；大多数情况下人们都可以免费地使用和参与社交媒体，个人用户的广泛参与使得用户既是内容的生产者又是内容的消费者，话语权不再由职业媒体所掌握，而是向个人用户流动，媒体和受众的界限变得模糊。

第三，内容特性。传统媒体内容通常较为完整，严谨性较高；相对而言，社交媒体上的内容往往受制于发布限制（如文字程度、图片数量、视频时长等），即使是专业媒体发布的内容，也大多短小精悍，具有较强的时效性。

第四，互动性。传统媒体是"广播"形式的媒体，传播渠道较为固定，信息的传播是单向的传播，由媒体流向用户；社交媒体鼓励人们评论、交流，信息的传播变为双向传播和共同传播。

第五，社区化。在社交媒体中，人们可以自发形成感兴趣的社区，并就感兴趣的内容进行沟通，甚至形成细分社区进行互动和交流，这是传统媒体很难做到的。

然而，社交媒体作为一种新兴的信息传播方式与内容载体，并不能改变媒体的本质。与一般媒介的使用者相同，社交媒体用户也需对内容负责，优质内容依旧是传播的核心。

第二节　社交媒体发展史

一、境外社交媒体

20 世纪 90 年代，境外的社交媒体平台开始出现，例如 1994 年的雅虎地球村（www.geocites.com）、1995 年 的 Classmates 网站（www.classmates.com），以 及 1997 年的 SixDegrees 网站（www.sixdegrees.com）。其中，SixDegrees 网站是第一个需要使用真实姓名注册的在线社交平台，尽管它在 2001 年被关闭，但它通常被认为是"第

一家真正的社交网站"。SixDegrees网站以"六度分隔"（six degrees of separation）这一理论名称命名，允许用户在该社交网站上列出朋友、家人等，并且用户可以邀请外部联系人注册该网站。其提供的主要功能是用户可以向他们的一度、二度和三度联系的朋友发送消息和公告牌，并且查看这些朋友在网站上的社交圈。

随着信息技术的发展，大量的社交媒体平台如雨后春笋般出现，同时社交媒体平台的功能愈加多样化。2003年，商业化社交媒体平台领英（LinkedIn）出现，同年还出现了提供即时消息，以及视频和语音通话服务的Skype。2004年，Facebook平台成立，用户除了文字消息之外，还可发送图片、视频、文档、贴图、声音媒体消息、位置信息给其他用户；同年Flickr平台出现，它被广泛用于管理图像和视频，这一功能后来也被嵌入其他社交媒体中。2005年，红迪网（www.reddit.com）出现，这是一个集美国社交新闻、网络内容评级和各界内容讨论于一体的社交媒体网站。2006—2012年，海量的社交媒体平台开始出现，如Twitter、Tumblr（汤博乐）、Instagram等。从2012年至今，各类社交媒体平台历经十余年的信息技术发展狂潮，能够存活下来的社交媒体平台大多收获了数以千万计的用户。

知名的研究型数据统计公司Statista的调查显示，截至2023年1月，全球互联网用户达到了51.60亿人，社交媒体用户达到了47.60亿人。另据Statista公司2023年2月公布的基于月活跃用户数量的全球社交媒体排名，Facebook占据全球社交媒体排名首位，月活跃用户数达到了29.58亿人；位于第二位的是YouTube，月活跃用户数25.14亿人；月活跃用户数20.00亿的WhatsApp和Instagram并列第三；微信、TikTok紧随其后，月活跃用户数分别为13.09亿人、10.00亿人。以下介绍几款境外社交媒体的代表性产品。

（一）Facebook

Facebook是一个聚合性的社交媒体平台，于2004年2月由马克·扎克伯格等人开发并推出。Facebook是目前全球最火爆的社交媒体之一，它的功能很多，包括时间轴、即时消息、活动功能等，而其中最受用户喜爱的就是它无限制的上传空间，用户能够无限制地向好友发布文字、照片等，而不用考虑信息会过期的问题。2010年之后，Facebook还推出了直播功能。2004年年底，Facebook就拥有了100万用户。一开始，Facebook是大学内部的社交平台，在2006年才向所有互联网用户开放。到了2012年10月，Facebook已经拥有了10亿用户。而短短3年之后，Facebook拥有了10亿日活跃用户。2015年，Facebook推出了一套全新的开发者工具，可以让用户远程控制智能家居设备，向物联网行业进军。2016年，Facebook推出谣言审核机制。2019年，Facebook推出移动支付服务Facebook Pay。2021年10月，马克·扎克伯格将Facebook

8

的新产品部分改名为Meta，以表达其对元宇宙（Metaverse）这一概念的期许。截至2023年1月，Facebook拥有约29.58亿月活跃用户。

（二）Twitter

Twitter是微型博客社交媒体的代表性平台之一，于2006年3月正式成立。它本身的基本功能并不复杂，核心在于可以让用户更新不超过140个字符的消息。随着时间的推移，Twitter公司不断融资，开发出了多种功能，用户群体也在不断扩大。2012年，Twitter推出了照片滤镜功能，以此与Instagram进行竞争。同年3月，Twitter在自己6周年的庆典上宣布已经拥有了1.4亿用户，每天发表在该平台上的推文有3.4亿条。同年年底，Twitter的日活跃用户超过2亿。2014年，Twitter发布了Fabric工具包，协助第三方开发者更好地设计移动应用。2016年，Twitter上线"时间线"功能，将用户错过的一些推文放到时间线的顶部，来吸引用户的注意。2019年，Twitter推出"话题"功能，用户可以关注自己感兴趣的话题。截至2021年底，Twitter拥有2.17亿日活跃用户。

（三）Instagram

Instagram是一款基于照片分享的社交媒体应用。其前身是创建于2009年的Burbn平台。一年后，Burbn改名为Instagram，于2010年10月6日正式发布。发布当天，Instagram的注册用户就超过了25000人，发布一周后注册用户超过10万人。Instagram提供了一套包括拍照、添加滤镜、添加说明/地点、发布等流程在内的图片分享服务。基于这些服务，Instagram建立起了一个强大的微社区，用户可以关注其他人的图片，进行分享并互动。到2010年底，Instagram的注册用户数量超过100万。2011年，Instagram拥有了1000万的月活跃用户，到了2012年，这一数字变成了5000万。2013年，Instagram上线了短视频分享功能。2016年，Instagram推出视频直播功能，旨在与其他社交媒体平台进行竞争。尽管在2017年，Instagram的有力竞争对手TikTok上线，但是Instagram简单易用的特点还是让它能够继续吸引大量的用户。截至2021年底，Instagram的月活用户数量达到了10.74亿。

（四）LinkedIn

LinkedIn（领英）发布于2003年，是一家面向职场的社交媒体平台，为个人用户提供在商务往来中可以累积的"人脉"，用户可以邀请认识的人成为其"关系圈"的好友。在LinkedIn，用户可以编辑自己的个人档案，以体现自己的职业身份。在此基础上，用户可以关注行业的信息，向他人分享自己的行业观点，或汲取他人分享的知识，以此来维持自己的职业竞争力。同时，用户还可以在LinkedIn通过校友、同事等

关系扩充自身的人脉,开发自己的职业潜力。

2006 年,LinkedIn 已实现盈利,并推出推荐信等核心功能。2010 年末,领英的注册会员数超过了 9000 万。2013 年,LinkedIn 10 周年,平台的注册会员数超过了 2.25 亿。2014 年,LinkedIn 全球注册会员数突破 3 亿,并启动了在中国市场的战略布局,以中文作为 LinkedIn 的主要语言之一。2022 年初,LinkedIn 的用户数量已超过 8 亿。

二、境内社交媒体

境内社交媒体的发展离不开全球社交媒体的发展,更离不开信息技术的革新。在早期的台式电脑时代,网络硬件设备较为稀缺,这一时期出现的早期社交媒体 BBS(bulletin board system,网络论坛)极度依赖网站服务器等计算机设备。分布式计算技术的诞生(即将计算及带宽资源重新分配)和个人电脑的普及使得个性化的社会网络服务的出现成为可能,而移动互联网技术的发展也带领我们走向移动社交时代,这一时期手机成为人们日常社交的必要工具,也诞生了更多的社交场景与更丰富的社交媒体应用。以下将介绍不同时期的境内社交媒体的代表性产品,图 1-1 展示了这些代表性产品诞生的时间节点。

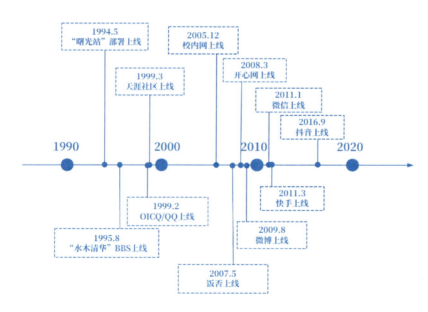

图 1-1 境内社交媒体发展时间轴

(一)早期的社交媒体——BBS 与娱乐化论坛

在人们今天所熟知的社交应用兴起以前,早期网友的交往模式大多通过邮件、BBS 论坛、聊天室等开放性社交互动方式实现,此类方式在网络社区的历史上留下了不可磨灭的痕迹。

BBS指的是一个网上交流的场所。BBS能提供看帖、回帖的交互式服务，最早是用来公布股市价格信息的。早期的BBS是拨号形式，单线站占据了多数，同一时间只能有一个用户占据线路，用户之间并不能实现实时交流。为了在系统中接纳多个用户，BBS站长需要准备多条电话线与解调器。由于电脑等外部设备的降价，BBS论坛也越来越为人们所熟悉，并逐渐产生了利用计算机线路连接的BBS网站——中国惠多网（China FidoNet）。惠多网是点与点的网络，虽然提供了看帖、回帖、一对多的信息交流，但不能保证用户实现实时交流，不能算是互联网的BBS。随着上网成本的降低，出现了越来越多真正意义上的互联网论坛，覆盖了人们生活各个方面的话题。

1994年，境内首个真正意义上的网络BBS——我国智能计算机中心的"曙光站"上线，建在中国科学院院网上。中国早期互联网出口有两个，分别是中国教育科研网与中国科学院院网。1995年8月，清华大学一位网名为ACE的学生利用了台湾大学椰林风情网站的管理系统，在研究所的一个主机上搭建了BBS。1995年8月8日，我国高等教育科研网的首个BBS"水木清华"正式开通，IP为166.111.1.11。

1997年，一篇名为《大连金州不相信眼泪》的博文显示出尚在萌芽阶段的互联网的影响力。1997年10月31日，中国男子足球队坐镇主场面对卡塔尔队，但最终以2∶3输掉了赛事，无数球迷失望而归。几天后，网友老榕在四通利方的体育沙龙上发布了一篇名为《大连金州不相信眼泪》的帖子，记述了一个南方球迷带着9岁的儿子在大连金州经历国足生死存亡时刻的故事。1997年网友数量约62万，并且由于技术原因，体育沙龙只能保存300个帖子。而在这篇帖子发布仅48小时后，点击量就已上万。这篇帖子随即传到了全网，受到足球界与传媒界的普遍重视，并被《南方周末》在1997年11月14日整版转发，这也成为中国网络论坛兴起的标志性事件。

1999年3月1日，天涯社区开通，在上线之初设立有股票论坛、计算机技术、天涯杂谈等专栏。这种以网民为核心，实现个人交流、表达、创作等诸多功能的社区逐渐吸引了越来越多高质量与高忠诚度的用户。在社群里面，用户们根据兴趣而聚拢，创作出了许多人气超强的原创内容，并诞生了《明朝那些事儿》等畅销书，从而逐步形成了一个在世界各地都有着影响力的综合性虚拟社区和大型互联网社区平台。截至2013年8月，天涯社区注册用户数达8500万。由于网络的兴起，以猫扑网、天涯社区为代表的BBS逐步开花结果，"网民"也逐渐成为一种新型人群的代名词，网络词汇也开始流传于大街小巷。

（二）即时通信软件的代表——腾讯QQ

1996年，三位以色列年轻人决定研制一种帮助人和人之间在网络上进行沟通的软件，他们给新软件取名为ICQ——意为I SEEK YOU。刚刚推出，ICQ就获得了很大的

11

市场，但由于 ICQ 只开发了英文版软件，并没有重视其他非英语国家的市场，于是很快地，几乎世界各个国家都发布了本国的网络即时通信软件。惠多网深圳站的站长马化腾很早就注意到了 ICQ 这款软件，在一项中文即时通信软件的招标活动的助推下，马化腾等五人便决心做出一款中文即时通信工具，也就是后来的 OICQ。

1998 年 11 月 11 日，马化腾等人正式注册成立深圳市腾讯计算机系统有限公司（以下简称腾讯公司）；1999 年 2 月 10 日，腾讯公司推出了第一版即时通信业务 OICQ，实现了无线传信、GSM（global system for mobile communications，全球移动通信系统）短消息、IP 建筑通信网络互联，就在推出后的短短 9 个月，OICQ 的注册用户就超过了 100 万。

2000 年，在 OICQ 席卷全球的同时，ICQ 的母公司 AOL 控告腾讯侵权，并请求回收 OICQ.com 和 OICQ.net 两个域名。在当时的互联网聊天软件中，以 ICQ 和 OICQ 较为出名，所以这类应用软件也在业内被人亲切地叫作"QQ"。后来马化腾决定将 OICQ 改名为 QQ。同年 11 月，QQ 迭代史上的经典版本 QQ2000 上线。2003 年，QQ 注册用户数量突破 2 亿；2008 年，QQ 注册用户数突破 8 亿；截至 2023 年底，QQ 移动终端月活跃用户数达 5.54 亿。

在即时通信这个应用领域，QQ 无论在用户规模或收入规模上均占有绝对优势。自推出至今，QQ 顺应时代的潮流和广大使用者的需求，历经数次产品迭代，领跑同类软件，实现了在线聊天、视频通话、收发贺卡、网络硬盘、QQ 邮件等诸多功能。即使后来微软的 MSN 进入中国并占据了一定的市场份额，依然没能撼动 QQ 的位置。

（三）基于个人电脑的社会网络服务——校内网、开心网等 SNS 社区

BBS 等早期的互联网服务虽然可以使用户进行互动，但用户之间的交流以匿名交流为主。随着计算机的普及，信息和信任开始影响网络生态，人们也有更多地表达自我的欲望，博客等体现自我的产品和基于社会化沟通的 SNS 产品开始出现。博客的官方名称是网络日志，通常指由个人负责管理、不定时发表张贴个性化文字的网页。博客作者通常根据时间倒序由新到旧排列文章，博客作者可以用网络日志的方式记载个人生活，也可专注记录特定课题的评论与文章。SNS 可以帮助所有用户，特别是小群体中有着同样兴趣爱好和行为方式的人形成社会化的互联网服务，通过"熟人的熟人"方式进行网络社交拓展，同时 SNS 网站还会提供交友、个人信息分享、即时通信等多种功能。

2003 年，Friendster 和 Myspace 这两种以六度分隔理论为基石的 SNS 网站相继在美国上市，一经发布便悄然走红，在世界范围内迅速引发了 SNS 风潮。但直到 2005 年，境内所有的 SNS 发展得都不是很理想，因为用户大多不喜欢将图片和真实名字等个人信息公布于网络。但是王兴（后来的美团创始人）却不这么觉得，他们认为成败的关键就在于熟人关系。2005年12月8日，王兴团队开发的模仿Facebook的校内网正式推出。校内网最初仅在北京大学、清华大学、中国人民大学三所院校中运营，仅支持在校学生注册并鼓励用户实名注册。校内网的出现给当时的大学生带来了全新的交友方式，且严格保证了用户质量，很快便在校园内疯狂地传播，这也带来了校园BBS的活跃人数的逐年上升。2009年，校内网正式更名为人人网，并对所有用户开放注册，注册用户很快就突破了5亿。

另一边，原定位于白领圈子的开心网异军突起。2008年3月，开心网创建，并在接下来的两个多月里上线了"朋友交易"和"抢车位"等应用。开心网借助这两个应用所具有的人际交流和关系传递的特点，将其与即时沟通技术和电子邮件服务融合在一起，很快便取得了社交裂变式的传播。2009年，开心网的用户已超过了7000万并进入了中文网站的前十名。

这一时期，除了开心网，越来越多的SNS开始走出校园，呈现出多样性和现实性的特征，越来越多的SNS开始与现实生活产生联系或提供类似于现实生活的聚会等社交活动。这一阶段出现的SNS网站还包括以"SNS+网页游戏"为主要模式的51.com、针对年轻潮流群体的360圈、立足于本地用户的一起网等。SNS多样化、个性化的服务也开始影响既有的社交媒体产品。2005年，QQ为适应SNS社会发展的潮流，发布了带有SNS社会特性的附属产品——QQ空间（Qzone），并先后发布了日记、相册、留言板、自定义页面、个性化头像等新功能。2009年，内嵌于QQ空间的国民级应用QQ农场的推出，开启了全民"摘菜"的时代。随着QQ功能的进一步迭代，QQ空间不再仅仅是QQ用户的博客，而是逐渐演变成了QQ用户分享自己心情、与朋友交流的场所。

（四）网络信息传播的新方式——饭否网与新浪微博

2007年春天，王兴等人把眼光瞄向了Twitter，当时的Twitter用户可通过电脑、手机等在平台上更新不多于140个字符的消息。王兴等人认为这样化繁为简的方法，或许更有利于沟通和传递，也会重新定义网络传递信息的方法。2007年5月，王兴团队开发的境内首个提供个人微博业务的网络平台——饭否上线。用户可以通过网站、WAP（wireless application protocol，无线应用协议）、短信、即时通信软件更新消息或图片，用户间可互相关注、私信或通过"@"方式进行互动。

2008年，Twitter的热潮传到了中国，人们记录和传播消息的方式由此有了更为深刻的变革。相比于传统的门户网站，微博客有更直接的新闻获取和传播能力。因为境内使用者普遍不习惯英文的界面，饭否的出现让境内的微博客服务带来了更好的客户

体验。在随后的一年里，饭否爆发出了强大的活力，更多的社区资讯在饭否上传播，饭否开始有了社会舆论网络平台的雏形。与此同时，饭否也面对了更多互联网舆情监管的压力。2009 年 7 月 7 日，饭否迎来了长达 505 天的关停。

虽然饭否被关停后逐渐没落，但微博客这种短平快的信息获取与传播模式却已深入人心。2009 年 8 月，新浪微博上线，新浪网也成为中国首个开设微博客业务的门户网络平台。在宣传策略上，新浪微博也聘请了大批网络明星和社会优秀人员加入，并对他们提供实名认证。自推出以来，新浪微博便一直保持着爆发式的增长态势。进入移动互联网时代后，具有天然便捷交流属性的微博客产品愈发受到人们的欢迎，新浪微博将公共信息传播作为自身产品的重要定位，并针对移动互联网的出现对产品进行及时调整，在各类竞品中一马当先，逐渐成为国民性的现象级网络平台。

在博客与微博迅速走红的时代，娱乐化论坛的影响日渐式微。与论坛相比，博客更好地激发了用户的创作欲望，而移动智能时代的到来让"短文字+图片"的信息传播方式成为主流。2017 年 1 月发布的《中国互联网络发展状况统计报告》显示，论坛或 BBS 的用户规模仅有 1.2 亿，网民使用率仅有 16.5%；与此同时，微博客这一互联网应用的用户规模达到了 2.7 亿，网民使用率达到了 37.1%。

（五）智能终端即时通信服务应用——微信

由于移动通信网络系统的蓬勃发展及移动互联网技术终端用户设施的普及，用户可以通过手机、平板电脑或其他无线终端设施在移动状态下随时浏览移动互联网或信息，并能实现商业或文娱等各类上网业务。在这一阶段，手机支付、位置服务、视频应用、移动音乐等基于无线终端的互联网应用蓬勃发展。

2010 年 10 月，一款名为"kik"的应用登陆 App Store（苹果应用程序商店）和 The Android App Store（安卓应用市场），短短 15 天内就有超过 100 万人注册下载，该应用旨在为智能终端提供即时通信服务。37 天后，小米发布了中国第一款模仿 kik 的产品——米聊。几乎同时，腾讯也在着力研发类似的软件——微信。2011 年 1 月 11 号，微信正式推出，不过微信和米聊两款产品在当时只提供了即时通信、共享图片和拍摄照片等功能，以省短信费为卖点的服务并没有成功突破电信运营商的包围。2011 年 4 月，米聊公司借助香港的 Talkbox（语音简讯类通信）技术，率先引入行动对讲机服务；5 月，微信快速推进，增加了语音对话功能，用户量也开始飞速增长。由于小米团队在社交领域的基础薄弱，没有提前为用户量的激增做好准备，服务器频繁宕机使得小米在这场移动社交应用的战役中逐渐败下阵来。2011 年 7 月，微信"附近的人"功能正式上线，陌生人社交功能为微信增加了不少新用户；11 月 1 日，"摇一摇"和"漂流瓶"功能也先后上线，尽管相关争议不断，但这些应用都促进了用户的成长。截至 2011 年底，微信用户已超过 5000 万。很快，米聊便退出了与微信的竞争。此后，来自网易的易信、中国移动的飞聊、阿里巴巴的来往，都无法撼动腾讯的微信在移动终端即时通信服务领域中的位置。

2012 年 3 月 29 日凌晨 4 点，微信用户突破了 1 亿，历时仅 433 天。2012 年 4 月 19 日，微信朋友圈上线，微信实现了从通信工具向社区网络平台的升华。2012 年 8 月 23 日，微信公共平台上线，微信开始形成内容生态，新的舆论生态也开始在微信上诞生。2014 年春节，微信红包、微信支付功能上线，微信开始为用户创造了多种便民服务与应用场景。随着产品的更迭，现在的微信实现了跨越通信网络，跨越应用系统传输文本、音频、图像、视频的功能。另外，用户还可以通过"摇一摇""朋友圈"等功能，或通过公众号平台等渠道完成信息的传播与内容的分享。截至 2023 年底，微信及 WeChat 合并月活跃账户数达 13.43 亿。微信的成功，不仅延续了腾讯在社交领域的繁荣，更帮助腾讯完成了一个闭环的社交和商业生态链。

（六）移动社交的新兴形式——抖音、快手等视频社交软件

移动智能时代的到来也催生了移动社交时代的到来。智能终端中的社交媒体，不仅是信息获取的工具，更承载了即时通信、购物、娱乐等多元功能。随着智能手机、移动网络的普及，尤其是 4G、5G 技术的普及，网络传输速度更快、资费更便宜，通信体验进一步升级，高可靠、低延时的网络使得视频这种社交媒介进一步普及。在这一时期，"视频"社交方式开始出现，有抖音、快手等短视频内容社区，也有陌陌、虎牙、花椒等互动直播平台等。

快手是北京快手科技有限公司旗下产品，诞生于 2011 年 3 月，最初是用来制作和分享 GIF 动图的手机应用。2012 年 11 月，快手开始由图片制作软件转型为短视频内容社区，主打记录普通人的生活，其记录分享属性强于娱乐属性。快手立足于下沉市场，用户界面设计简洁，使用门槛较低，迎合了下沉市场用户的偏好，同时得益于移动通信技术的发展、通信资费的下降，快手用户迅速拓展。2015 年 6 月至次年 2 月，快手用户从 1 亿涨至 3 亿。2023 年，快手日活跃用户数达 3.80 亿。

抖音是北京字节跳动网络技术有限公司（以下简称字节跳动）旗下的音乐创意短视频社交软件，于 2016 年 9 月上线。彼时快手在短视频市场上一马当先，抖音从音乐创意短视频方向切入，将短视频内容融入音乐元素，吸引了一大批年轻、关注潮流、对视频要求高的用户。之后的一段时期，抖音在优化拍摄技能和社交功能上投入了大量精力，有趣、年轻化、高质量的视频内容吸引了许多用户，用户数量激增，用户年龄层也从"90 后""00 后"扩展到了其他年龄段，视频主题也变得更加丰富。截至 2023 年，抖音日活跃用户数已达 7.6 亿。

此外，随着视频社交的流行，各项社交应用都结合短视频、直播等新兴流行趋势做出了功能上的更新。例如，近年来，微博陆续上线了视频号、微博直播、直播连麦等功能。微博 2021 年全年财报显示，微博视频号的开通用户数已达 2500 万，英雄联盟 S11 全球总决赛单场直播观看量达 1.5 亿次。通过直播和视频号功能的开通，微博的内容丰富性和多样性有了进一步的提高。此外，微信也在 2020 年初上线了视频号功能，用户可以在微信中创作和分享短视频，这使得微信内容承载形式更加丰富。

除了微信、微博等大而全的社会网络平台的流行，各种垂直领域的社交媒体也开始大量涌现，比如知识问答社区知乎、短视频社区抖音、游戏社交平台王者荣耀、生活经验分享社区小红书、视频分享与互动社区哔哩哔哩（以下简称B站）等。同时，移动端的用户规模也稳步上升，据 2023 年发布的《中国互联网络发展状况统计报告》，截至 2022 年 12 月，中国手机网民规模已达到了 10.65 亿，约占全体网民规模的 99.8% 以上。使用包括互联网社交媒体服务在内的各类即时通信业务的网民规模已达到了 10.38 亿，约占全体网民总规模的 97% 以上。根据全球社会化媒体传播公司奥维斯社（We Are Social）和境外社交媒体管理平台 HootSuite 联合发布的《2022 中国数字发展概览》，截至 2021 年第三季度，若以 16 ～ 64 岁互联网用户使用人数比例为标准对中国社交媒体排名，微信、抖音和 QQ 位列前三名，使用人数比例分别为 77.0%、70.2% 和 61.5%；百度贴吧、新浪微博、小红书、快手、QQ 空间、美拍、抖音火山、iMessage 位居第 4 ～ 11 位。

第三节　社交媒体与社会网络

一、社交媒体中的社会网络

（一）六度分隔理论

随着移动互联网和移动终端的飞速发展，通过社交媒体形成的社会网络已成为人们获取信息、传播信息及沟通感情的重要媒介。社交媒体从内容上可以表达并推动现实关系与互动的建立，将用户的行为和软件的内容融合。人们可以通过即时聊天工具与好友进行远距离交流（如微信），也可以通过发布动态与好友分享近况来维持联系（如微博），还可以通过兴趣社区认识志同道合的新朋友（如知乎）。

事实上，在社会网络平台上，小世界现象得到了很好的验证。2011 年，康奈尔大学和 Facebook 研究人员针对小世界现象开展了相关实验。当时，Facebook 有高达 7.2 亿的用户，平均每位用户都有 130 个好友。该实验的具体过程为：所有参与研究的用户 A 都会被分配一个他们所不了解的目标对象 X；然后挑选你觉得最有机会认识

目标对象X的一个Facebook朋友B，然后系统就会发送消息给B，再由B去筛选朋友C，然后一环扣一环，找出了目标对象朋友X。最后，再通过筛选与统计得到结论：任意两个用户间的平均路径长度仅为4.74，也就是说，一个用户只要通过3.74个用户就能与一个陌生用户产生联系。2016年，当时Facebook的活跃用户已突破15亿，Facebook研究团队再次根据用户网络图及相关统计算法计算用户之间的平均距离，结果显示用户之间的平均路径长度进一步缩小，只有4.57。

社交媒体平台减少了人们之间的分隔度，原因在于其中广泛存在的"弱连接"。依赖于社交媒体，素不相识的用户与用户之间也可以产生多样的联系，而只要他们产生了联系，即便交情不深，这种弱联系也可以形成一个网络。例如，在微博平台，某个用户关注了Y，那么他与Y之间存在着"关注—被关注"的联系，这种联系可以使得Y更方便地与粉丝进行互动；而所有关注Y的用户，尽管他们不一定互相关注，但由于有着共同的爱好（弱联系），他们在未来很可能有机会成为朋友。类似地，那些为Y微博点赞的用户，他们之间都存在弱联系。而在某些情况下，这些看似不起眼的弱联系也许可以发挥很大的作用。

（二）在线社交方式的特征

当前，社交媒体已深入我们的日常生活，这在一定程度上也改变了人们的社交方式与社交理念。除了社交媒体中广泛存在的弱联系，与传统的线下社交相比，社交媒体中的在线社交方式还有以下特征。

1.便捷性

在线社会网络兼具的远距离异步与同步交流克服了时间和空间上的阻碍，使得人们有更大的概率便捷地找到与自己志趣相投的好友。在线社会网络中的异步交流通常不需要及时回复，这种方式可以让人们有更多的时间组织语言，更加容易控制交流的节奏，减缓紧张和压力。然而，这种社交方式也降低了沟通的效率，尤其在只依赖文字的情况下，由于视觉、听觉线索的缺乏容易导致误解。同步的语音或视频等交流方式具有沟通的即时性与临场感，在一定程度上能够解决异步沟通中的问题。

2.匿名性

多数在线媒体平台采用匿名社交的方式，人们设定一个自己的ID，就可以按照想要的方式塑造自己的在线个人形象。一方面，匿名性可以促进更加开放的交流；另一方面，匿名带来的自我意识的降低，可能导致人们减少对自身行为的控制和反思，从而引起网络暴力、网络谣言等负面事件的频繁发生。因此，匿名性在实现隐私保护的同时，也会促发网暴和谣言的产生。

3.去中心化

在社交媒体上，人人都可以是信息的发布者，将信息传递给社会网络的其他人。因此，信息的传播不再仅仅受到少量中心用户的影响，每个人都可能成为中心。同时，用户点赞、评论、转发他人信息的行为体现的是用户群体的意见或态度，呈现出明显的去中心化特征。

二、社会网络概述

社会网络（social network）一般用来表示社会成员之间的交往关联、资源流转构成的网络结构，这种网络结构通常表示为节点与节点间的连线，节点由参加者（人、计算机或其他对象）构成，这些节点的连线通常指代的是节点间的社会关系与相关活动。此外，网络节点相互之间也可能通过一个或多个彼此依赖的共同属性（如想法、价值观、愿景、意识形态、财务利益、友谊或兴趣）联系。因此，社会网络结构的复杂程度不一。

社会网络广泛存在于家庭、社会、国家等各级层面，并对各级组织的运行及目标实现起到了关键的作用。与之相关的社会网络分析（social network analysis）方法也在社会心理学、信息学、历史学、管理学、经济学等多个重要领域得到应用。社会网络分析方法综合运用数学模型及图论等定量方法研究行动者及行动者之间的社会联系与资源流动，进而对人类社会系统的结构和交互模式进行分析。社会网络分析方法可从中心度分析、结构洞分析、凝聚子群等多个角度展开，常见的社会网络分析的软件有 NodeXL、UCINET、Pajek、NetDraw、Gephi 等。社会网络分析的基础概念和常见方法将在第五章到第七章详细介绍。

近年来，随着互联网、社交媒体及大数据技术的迅猛发展，以互联网和社交媒体为基础的虚拟化社交正在人们的社交生活中占据越来越重要的地位，越来越多的个人数据和社交关系可以以数字的形式被记录下来，数据的丰富性和可获得性的提升使得利用社会网络分析方法及其他计算社会科学方法分析人类社会结构与社会联系，尤其是社会联系和社会资源的网络传播，成为可能。

三、社交媒体中的网络影响

社交媒体用户之间的社会关系，尤其是用户间的人际信任使得用户可通过社交媒体向他人施加自己的影响力，这一特征不仅带来了新的商业机遇，也影响着社会网络中的信息传播模式与传播效果。因此，社交媒体中社会网络的影响大致可以分为商业影响与社会影响，本节分别以网络经济为落脚点介绍商业影响，以网络情绪/倾向的传播为例介绍社会影响。

（一）社交媒体与网络经济

社交媒体中社会网络的存在使得新产品可通过社交媒体中的信任关系快速传播。这一特征带动了社交电商模式的兴起。例如，以拼多多为代表的社交电商平台将沟通、互动、分享等社交元素与电商交易过程深度融合，通过消费者及其社交圈之间的互动来达成用户的迅速增长，用户之间的信任沟通使得平台的知名度大幅上升，获客成本也显著低于其他电商平台。拼多多仅用 2 年 3 个月就完成了上市，而传统电商淘宝和京东则分别用了 10 年和 5 年。公开财报显示，2021 年拼多多年活跃买家数已达 8.69 亿。

社交网络的存在不仅催生了社交电商的模式，也使得新兴产品的推广更加便捷。上线于 2014 年 1 月 27 日的微信红包，依托于微信平台的用户量、用户与用户之间的社会关系，在几乎没有任何推广的情况下，凭借其社交属性与便捷性，在新年期间一夜爆红，一经推出便吸引了约 800 万用户参与，使得上线不过半年、尚在发展初期的微信支付功能也得到了进一步的推广与使用。

（二）社交媒体与网络传播

社交媒体让信息传播变得更加便捷，但与此同时，社交媒体中的社会关系存在也影响着人们获取信息和组织观点的方式。例如，社会网络中的回声室效应（echo chamber effect）受到学术界越来越多的关注。回声室效应是指在封闭的环境中，意见相近的信息不断得到重复，用户对一个主题的意见、政治倾向和信念得以逐渐加强。2021 年发表于《美国国家科学院院报》的一篇文章分析了不同社交媒体上的回声室效应。研究发现，用户的倾向和他们周围用户的平均倾向之间有很强的相关性，有相似倾向的个人在信息传播时存在偏见。此外，研究还发现，相较于 Facebook，Reddit（一个在线新闻站点，用户可自由加入感兴趣的子社区进行分享和讨论）和 Gab（一个开源社会网络服务平台）上的态度倾向较为分散。

⊝ 章末案例

淘宝直播的社交属性

2016 年 4 月，淘宝开始推出直播业务，仅在推出 4 个小时后，头部主播的成交额就已上亿元。2019 年，淘宝已有 117 位主播年度成交额破亿元，有超 4000 万商家进驻直播间，月成交额突破 2000 亿元。此外，新冠疫情的暴发使线下经济受到影响，人们纷纷转向线上购物；一系列支持政策的出台也进一步促进了直播电

商的发展。直播电商能受到广大消费者欢迎的主要原因在于其较强的社交属性。

一方面，这种社交属性体现在主播与消费者之间的社交互动方面。和电视购物相比，直播电商同样是以视频的方式由主播来介绍产品、体验产品，然而不同点在于，直播电商的主播可以与消费者实时互动，消费者的疑问或需求可以及时被主播回应和解决。这种互动的行为一般被称为"交互性"或者"用户参与"，被认为是影响在线购物中客户购买的重要前提，往往能直接影响观众的购买意愿。直播将复杂信息立体化、形象化，弥补了传统电商的短板，为消费者带来类似于线下购物的消费体验。

另一方面，直播电商的社交属性还体现在消费者之间的互动方面。直播间汇聚着大批对同类商品感兴趣的消费者，部分消费者会在直播间里分享自身关于某产品的使用感受，来自消费者的信息通常被认为比商家提供的信息更具有真实性，这在一定程度上能够带动消费者的购物行为。此外，直播间里消费者也可以看到其他消费者的购买行为，在从众心理的作用下，消费者有可能做出非计划性的购买决策。

（资料来源：根据网络相关资料整理）

● 本章小结

本章主要学习了以下内容。

1. 社交媒体及其媒介种类

社交媒体是人们利用社交平台和工具来进行创作、分享和交流观点、经验、意见的虚拟社区和网络平台。社交媒体的表现形式包括文本、图片、音频、视频等。当下流行的社交媒体的媒介种类包括博客、播客、维基、即时通信软件、网络论坛等。

2. 社交媒体发展的技术基础

社交媒体的发展在很大程度上得益于 Web 2.0 相关理念与技术的发展。与社交媒体发展密切相关的技术革新有万维网技术的发展、社会网络服务站点的创新、无线智能终端设备的普及与移动通信技术的进步等。

3. 社交媒体与传统媒体的主要区别

社交媒体的用户包含了传统媒体的职业传播者与非职业的个人用户，社交媒体兼具大众媒体与个人媒体的特点。社交媒体区别于其他媒体的主要特点在于：传播渠道通过非固定的网络渠道、话语权较为分散、内容时效性较强、信息双向传播、易形成细分社区等。但社交媒体作为一种传播媒介与内容载体，优质内容依旧是传播的核心。

4. 社交媒体中的社会网络

社交媒体中的社会网络已经成为人们获取信息、传播信息和沟通感情的重要媒介，社交媒体中广泛存在的弱连接减少了人们的分隔度。社交媒体中的在线社交方式的显著特征有便捷性、匿名性、去中心化等。社会网络分析方法通过数学模型和图论等方法为复杂网络分析提供了指导方法。社交媒体中社会网络的存在带来了新的商业机遇，也影响着信息的传播模式与传播效果。

● **关键词**

社交媒体（social media）	社会网络服务（social network service）
网络论坛（bulletin board system）	博客（blog）
维基（wiki）	即时通信（instant messaging）
富媒体（rich media）	大众媒体（mass media）
个人媒体（personal media）	社会网络（social network）
社会网络分析（social network analysis）	回声室效应（echo chamber effect）

● **复习题**

1. 社交媒体是什么？
2. 社交媒体有哪些功能？
3. 社交媒体与传统媒体的区别是什么？
4. 列举 5 个 SNS 网站或移动社交应用？
5. 什么是小世界现象？
6. 与传统社会网络相比，社交媒体中的社会网络有何特点？
7. 举例说明社交媒体中的网络影响？

第二章

社交媒体分类

【学习目标】

当阅读完本章时，你将能够：

1. 掌握已有社交媒体平台的特征并描述其运行机制。

2. 描述社交媒体内容对于用户和企业的作用。

3. 了解社交媒体平台的分类方式。

4. 了解社交媒体内容的类型。

开篇案例

华为的跨平台数字营销

华为技术有限公司（以下简称华为）创立于1987年，是全球领先的ICT（information and communication technology，信息与通信技术）基础设施和智能终端提供商，同时，华为的品牌价值和社交媒体传播能力更是位于中国企业前列。从2010年起，华为开始布局境内和境外社交媒体，境内社交媒体主要包括微博、头条、抖音、知乎、喜马拉雅等，境外社交媒体主要包括Facebook、Twitter、LinkedIn等，以文本、图片、视频、直播等方式进行多元化数字营销。华为的营销内容根据不同平台的特性有着不同的侧重。微博平台强调社交和即时传播，发布的内容以产品推广和企业新闻为主；LinkedIn平台强调职场社交，因此其发布的内容主要为品牌宣传和产品科技；而在以抖音为主的全民短视频平台，华为以输出品牌价值观和具有社会影响力的内容为主。

为将营销内容更精准地传递给目标用户，华为建立了分层分级的内容传播策略。第一层面是hero content（明星内容），这些内容旨在彰显企业的社会价值、商业价值，目标受众广泛，以此来扩大品牌认知度和影响力。第二层面是hub content（系列内容），这些内容旨在引导用户对产品产生兴趣，如手机、5G、路由器、交换机及华为云等业务，目标受众较为精准，通常根据人群画像选择精准的媒体投放。第三层面是hygiene content（基础内容），这些内容聚焦重点产品、技术方案，目标受众更为精准，包括计划购买产品的用户和已经在使用公司产品的用户。通过不同层级的多元内容投放，华为提升了品牌的影响力并吸引了更多的消费者，从而促进了产品的销售。

此外，华为也建立了自己的粉丝论坛——"花粉俱乐部"。"花粉"，即华为粉丝的谐音。作为官方的粉丝交流互动平台，该论坛为粉丝第一时间呈现华为最新的产品和服务资讯，为用户答疑解惑；同时，粉丝也在该论坛上分享自己的产品使用体验和建议，由此也成为华为聆听用户最真实声音的窗口。

可见，华为构建的社交媒体生态是一个典型的跨平台、多内容的社交媒体营销范例。

（资料来源：根据华为花粉俱乐部及网络相关资料整理）

为帮助读者更好地了解当前复杂多元的社交媒体营销，本章将重点介绍社交媒体内容的分类，以及社交媒体平台的分类，并辅以典型案例帮助读者理解不同类别平台的特征。

第一节　社交媒体内容

一、用户生成内容

（一）定义

用户生成内容（user generated content，UGC）是在 Web 2.0 环境下应运而生的，它泛指用户在平台上自己创作并发表的文字、图片、音频和视频等各种形式的内容和信息，早期也被称为 user created content（UCC）、consumer generated media（CGM）等。UGC 首次出现在 2005 年由玛丽·米克尔[①]领衔撰写的互联网行业报告中。

2007 年，经济合作与发展组织（Organization for Economic Co-operation and Development，OECD）提出了 UGC 的 3 个关键特征：①从发布范围角度来看，UGC 强调在互联网上公开发布，这个特征是为了与电子邮件、即时通信区分开；②从发布内容角度来看，需要体现一定程度的创造性，即用户加入自己的思考和观点；③从发布主体角度来看，内容通常由非权威人士通过非传统媒体平台创作发布。然而，UGC 并不一定严格遵循这 3 个特征。例如，目前也有很多专业人士加入社交媒体平台，在此过程中专业人士创作的内容也可以被称为 UGC。总的来说，UGC 可视为用户在互联网中的 DIY（do it yourself），即利用手机、电脑等电子设备，加入自身创意，创作

---

① 玛丽·米克尔，1958 年 9 月出生于美国印第安纳州，著名的华尔街证券分析师和投资银行家。1998 年，被《巴伦周刊》评为"网络女皇"后，她逐渐为人们所熟知。她每年发布的互联网报告已成为科技行业的关注焦点。

出属于自己的UGC，再发布到互联网中实现信息交流，而用户自身成为信息的创作者与发布者。

近年来，以UGC为主要内容的社交媒体网站大受欢迎。截至2021年，全球社交媒体用户已达42亿，占全球总人口的53%以上。过去5年，人们平均每天花在社交媒体上的时间大约为2小时25分钟[①]。用户参与UGC平台的原因各不相同，包括渴望社交、归属感、学习、帮助他人、建立个人声誉等。根据参与和贡献程度的不同，用户可以被划分为核心贡献者、协作者、潜水者3类。尽管用户的动机和参与程度各不相同，但他们的贡献创造了一个共同的社交空间，使他们在一些共同的兴趣中团结起来，并形成一定的社会认同（social identity），例如，在UGC平台上获得更多点赞的用户，通常意味着其拥有更高的平台声望。

（二）UGC的作用

1.对企业的作用

（1）建立口碑并促进销量。

UGC具有传播性，用户不再仅仅是内容的接受者，而且还可以成为内容的制造者及传播者。相比于传统企业方发布的广告，UGC更容易被用户传播，因为它通常被认为更具有代表性、更加可信且更有价值，从而成为用户获取企业产品信息的重要来源。因此，UGC在很大程度上会影响企业形象和产品口碑。研究发现，正面的UGC有助于提升消费者对产品的信任度，从而吸引更多的消费者，促进产品销量；而负面UGC则可能给企业带来损失。

（2）获得消费者反馈。

此外，UGC是企业获取消费者反馈的重要窗口，因为其中包含了许多消费者的喜好及与产品使用体验相关的内容。在过去，企业可能要耗费大量时间与精力做市场调研和用户满意度调查。然而，如今可以通过UGC平台以低廉的成本获取与产品改进和创新相关的意见，以此来改进产品和服务，更好地迎合消费者的需求。

2.对用户（消费者）的作用

（1）浏览UGC：影响消费者决策。

用户可以作为UGC的浏览者，也可以作为UGC的发布者。作为浏览者，用户可以从UGC中获得更客观真实的信息，从而帮助自己更好地做出购买决策。产品评价便是其中最具有代表性的一类UGC。尤其当用户面对高感知风险产品时，人们不太相信企业会提供产品的真实情况，而往往选择相信同为消费者的其他用户所反馈的消费

---

① 数据来源于数据研究公司DataReportal在2022年发布的《数字2021：全球概览报告》。

感受，即UGC。例如，许多研究发现，产品评分和评价内容（如情感倾向、真实程度等）会影响酒店、商品销售、餐饮娱乐等情境下的消费决策。然而，UGC有时可能干扰消费者的决策。例如，某些商家与网络红人或普通用户合作，邀请他们贡献与产品相关的正面UGC，普通消费者难以辨别这些受到赞助的内容和真实内容的区别。在这种情况下，UGC可能会误导消费者做出有偏差的决策。

（2）创造UGC：获得社会认同。

同时，用户也可以作为UGC的发布者。用户发布UGC的原因各不相同，可能是出于一些单纯的利他动机，例如帮助其他消费者、给厂商提供建议；也可能是为了一些个人利益，例如提高社区声望、获得他人关注或经济回报等。在这个过程中，用户可以获得帮助他人的快乐与满足，与此同时增加自己的社区影响力，获得社会认同。以在线医疗平台为例，医生可以在平台上发布公开的科普文章，与患者进行沟通，这将帮助医生建立良好的个人声誉，并改善医患关系。

🔍 案例 2-1：微博里的UGC

新浪微博是一种基于用户关系的社交媒体平台，相较于新浪博客，微博更加强调时效性和随意性。通常，用户会发布一些比较短小的文字信息，不超过140个字，分享自己当下的所见所闻所思，与社区中的好友互动。这些UGC可能被其他人评价和转发，从而实现即时互动的效果。由于微博可发布的内容灵活，且具有裂变式的内容传播方式，在某些突发事件中往往比传统媒体报道更快，成为"第一个新闻发言人"。因此，微博常常具有搜索引擎的功能，用户创造的所有UGC都被记录在信息库中，可以通过关键词检索轻松找到最新的相关内容。

在成立早期，新浪微博邀请了明星、商界名人和媒体领袖等大流量用户进驻，利用明星效应吸引了大量用户群。随着用户基数的增长，这些用户之间通过评论、转发、点赞等功能建立了社交关系，并聚集了具有相同兴趣爱好或身份的人，一起参与活动。这种关系构建和维护过程中产生的互动和协作，激励用户参与到内容发布和传播中，带来了海量的活跃用户和微博流量。

二、商家生成内容

（一）定义

社交媒体平台已成为消费者和企业沟通的重要渠道，Goh、Heng和Lin（2013）将公司营销部门或品牌方创造、发布和推广的内容定义为商家生成内容，即marketer generated content（MGC），或者firm generated content（FGC）。与消费者生成内容不同，MGC的制作者是企业内部的专业人员或外部的代理公司，并且经过了精心策划

和编辑，以确保符合品牌形象和传播目标。这类内容通常是为了增强品牌认知度、吸引潜在客户、提高销售额而创作的。

（二）分类

Bapna、Benner和Qiu（2019）根据发布目的将MGC划分为信息类和说服类。

信息类MGC指与产品和服务本身相关的信息，比如产品价格和售后服务等。

说服类MGC则强调体现品牌个性、引导顾客偏好的内容策略，常通过情绪化的内容、故事和积极陈述来获取更多用户的关注和认可，建立公司良好的声誉和形象。

（三）MGC的作用

1.提高公司财务绩效

公司可以使用文本、照片、音频、视频等多种方式在社交媒体上发布内容，向平台用户传播信息和进行产品营销。用户对营销内容的积极反馈在很大程度上会转化为后续的购买行为。MGC可以通过对产品详尽的介绍和强调亮点，如产品所采用的创新技术，来降低潜在消费者对产品的疑虑，从而提高他们的购买意愿。同时，MGC可以降低消费者在寻求和分析产品信息时产生的搜索和分析成本，并通过积极的陈述和以客户为中心的内容策略来创造良好的产品声誉和形象，从而带来更高的销售绩效。

2.促进消费者的社交媒体参与

消费者的社交媒体参与度反映了其对公司、品牌或产品的关注，常常表现为点赞、转发、评论和分享该公司的MGC。一方面，公司发布的信息类MGC满足了消费者对产品信息的需求，激发了用户社交参与的愿望，促使其进行更多的点赞、评论和转发活动。另外，公司还通过介绍产品故事、发起投稿、制造话题等方式，提高消费者的参与积极性与归属感，促进双方更多的情感交流，提高消费者的忠诚度和品牌黏性。例如，Chen、Gu和Ye（2019）发现酒店经理通过回复用户在携程网的评价会提高该酒店后续的评价数量，即促进了消费者参与。

3.服务补救

当出现服务失误或失败的时候，相比于一些传统的渠道，MGC具有更快速、更灵活的响应机制。品牌方可以在社交媒体平台、官网等在线媒体渠道上发布MGC，针对每个消费者反馈的不同问题或抱怨进行回复和解决。这种方式不仅可以实现即时响应，还可以通过针对性的回复和解决措施，有效避免因误解而导致的消费者流失。此外，当品牌方公开承认错误并道歉后，通过一些实质性的补偿措施，例如提供更好的服务、赔偿金或优惠券等，可以重新提升客户满意度与忠诚度，同时增强品牌形象和信誉度。

🔍 案例 2-2：微博里的 MGC

新浪微博作为境内最早提供实时信息交互和分享的社交媒体平台之一，具有庞大的用户人群和数据资源，是企业进行 MGC 营销的重要平台。企业可以在新浪微博上开通认证过的官方账号，通过官方账号来发布微博内容，实现品牌推广、产品宣传、信息交互等目的，从而构建企业独特的形象和影响力。

微博上的 MGC 可以以多种形式联合出现，包括文字、图片、产品链接、宣传视频等。一方面，利用信息类微博内容，如介绍产品属性、功能、价格等，企业可以提高产品的曝光度，吸引更多潜在的消费者，提高企业的销售业绩；另一方面，利用说服类微博内容，如宣传公益慈善活动、分享企业故事和成就、发送粉丝福利等方式与用户产生更深的情感连接，获得用户对企业形象的认可。感兴趣的用户，可对企业所发送的微博内容进行点赞、评价、分享和转发，还可以关注企业账号以持续跟进企业发布的最新内容。因此，微博上的 MGC 成为企业推广产品、吸引新客户、管理客户关系的重要阵地，一些体现用户社交参与的活动指标（如点赞量、转发量等）也成为衡量公司微博营销能力的重要标准。

第二节　社交媒体分类

社交媒体是具有社会化功能的网络营销渠道，与其他媒体形式类似，它有着各种工具和载体；然而相比于其他媒体形式，社交媒体更加复杂多样，这是由于其渠道和工具的数量过于庞大，而新渠道又不断涌现造成的。为了更好地理解和比较不同的社交媒体，有学者将社交媒体按照其核心定位划分为 4 类：社会化社区、社会化发布、社会化商务和社会化娱乐。

需要注意的是，社交媒体的四大类并不是完全独立的。一个社交媒体平台有符合其定位的核心功能，也有附加功能和其他功能，从而涉及多个类别。即便如此，分类依然是有意义的，它有助于我们消除混乱，把重点放在每个社交媒体平台核心的功能上。接下来，我们将具体介绍每一类社交媒体平台的特征，以及相应的典型案例。

一、社会化社区

社会化社区（social community）的重点是建立社交关系，让具有相同兴趣爱好或身份的人一起参与活动。因此，社会化社区多以双向和多向沟通、对话、协作，以及分享经验与资源为特色。所有的社交媒体渠道都是围绕网络关系建立的，但对于社会化社区来说，关系构建和维护的过程中产生的互动与协作，是人们参与社会化活动的主要原因。

社会化社区的渠道包括SNS、留言板（message board）、论坛（forum）及维基。这些渠道都强调在社区沟通及合作过程中的个人贡献。SNS就是一个在线主机，它使得用户可以识别与其取得连接的人员，并通过浏览、创造或与内容互动来参与社会化的活动。具体来说，用户通常被允许添加个人资料、头像等自定义选项，这有助于用户提高个人的辨识度；其次，用户的心情状态、好友列表、最近动态等都可以被他人浏览，从而在社区中保持社会临场感；再者，用户可以关注他人或被他人关注，并以各种方式交流和分享内容从而产生社会联系。这种交流方式可以是同步（如私信）的，也可以是异步（如留言板），发送的信息可以是永久性的，也可以是临时性的。

在线论坛被认为是社交媒体的发源地之一。论坛强调交互，侧重成员之间的讨论。论坛成员与SNS的成员类似，他们创建个人资料并通过提出问题、发表意见、发布动态、上传照片等形式参与讨论。其他人会进行回复，并在回复之后展开对话，这就形成了一个线程交互的过程。在线论坛的大部分话题都是围绕论坛成员的共同兴趣爱好展开的，如豆瓣小组是一个包含各类兴趣话题的在线论坛，涉及读书、摄影、手工等多个领域，用户可以加入自己感兴趣的小组并参与讨论。

维基是协作型的网上社区，通常要求社群成员共同创造有用的共享资源。除了典型的维基百科，即集合所有用户的力量共同编纂并修订一本在线"百科全书"，企业还可以通过创建维基来帮助员工进行信息共享、文档协作、集体讨论、信息推送等；家庭成员可以通过创建维基来共享和更新家庭照片和经历。总的来说，维基强调知识交流和社群成员之间的互相帮助，共同搭建和维护一个在线内容库。

二、社会化发布

社会化发布（social publishing）是指通过社会化发布网站制作与发布各种内容。社会化发布网站向受众传播内容，同时也让受众参与其中并进行分享。社会化发布网站满足了在线社区的需求，它同时让人们可以分享自己生成的内容，使得内容制作与传播更加自由。在过去，通常只有像记者这样的专业内容创作者，以及报刊等传统媒体组织才可以公开发布内容供他人阅读，而有了社会化发布平台后，个人用户也可以成为发布者，拥有自己的一群观众。我们将社会化发布者分为4类：①个人用户；②独立专业人士；③与组织有关系的专业人士，如新闻媒体；④品牌方或企业用户。品牌方在内容营销（content marketing）活动中通常使用社会化发布来进行促销。

根据我国目前社交媒体的发展现状，社会化社区和社会化发布往往在一款社交媒体软件中同时出现，并同时作为核心功能，因此，本书将这两类社交媒体放在一处讨论。

案例 2-3: 知乎平台

知乎成立于 2010 年，发展初期以提供在线问答服务为主，现已成为知名的互联网知识分享平台。截至 2022 年 12 月，知乎累计拥有 3.15 亿个问答，内容覆盖 1000 多个垂直领域和 57.1 万个话题。知乎以问答服务为基础，并发展出电子书、付费课程、机构号等多种产品和业务形式，形成了包含图文、音乐、视频等媒介的多元化平台。

知乎本质上属于基于兴趣的社交问答社区。它通过内容贡献系统来构建网络关系，利用社交系统来增强这种关系，并通过评估系统来维护网络关系。首先，内容贡献系统以知识寻求与知识贡献为纽带连接了相同兴趣爱好或身份的用户，用户可以在提问、回答的过程中，实现知识的分享与协作。知乎也采取了各种措施来激励用户的知识分享行为，如虚拟勋章、流量奖励、现金奖励等，在激励贡献的同时也增加了用户的自我效能感和成就感。此外，知乎也利用一系列社交功能来强化这种基于知识分享产生的社交联系，如关注、评论、点赞等，从而提高用户的黏性。

由于当前的线上互动普遍匿名化，社交关系的维护也需要一系列的评价与监督系统。知乎的评价系统包括正反馈和负反馈两个方面，主要基于用户数据和算法来运作。用户可以通过"赞""感谢""收藏""分享"等操作提供正反馈，通过"踩""没有帮助""举报"等操作提供负反馈。2019 年，知乎推出众裁议事厅[①]功能，邀请用户作为众裁官参与解决社区争议，即通过互联网社区自治构建良好的社区氛围、培养积极的社区价值观。

知乎的知识分享属性吸引了许多领域专家和企业的参与，从而发挥了其社会化发布的功能。2016 年，知乎上线"机构号"，有正规资质的组织机构即可免费申请，如科研院所、公益组织、政府机关、媒体、企业等可以通过机构号回答用户问题、发表官方声音来扩大影响并提高知名度，普通用户可以通过阅读机构号发布的官方内容获得更加专业、全面的知识。

三、社会化商务

社会化商务（social commerce）是指在网上购买或出售产品和服务时以社交媒体为媒介的商业形式，涉及线上和线下环境的融合。社会化商务包含社会化购物、社会化市场及能够参与购买决策的混合渠道和工具。从广义上讲，社会化商务包括依托网络媒介，使人们参与到线上和线下商品与服务的推广、销售、比较、购买和分享中的

---

① 参见知乎"众裁议事厅"官方介绍（https://www.zhihu.com/court/about）。

各种商务活动。社会化商务也由于形成了新的商业渠道而引起了许多关注。越来越多的商家使用社交媒体来推广自身的产品和服务，越来越多的消费者将社交媒体作为有关企业、品牌、产品和服务等的重要资讯来源。

社会化商务体现了他人在消费者决策过程中的参与和影响，这种参与和影响往往以社交媒体中的共享意见、建议和经验的形式呈现。渠道包括评论和评分（如大众点评或电子商务网站的评论区）、社会化购物市场（如在线直播，用户可以一边购物一边与主播或者其他用户交流）、社会化优惠（如拼多多砍价功能）、社区市场（如美团社区团购）等。

消费者、企业和个体零售商已认识到电子商务中这种潜在消费模式转变的影响，这也引起了研究人员和从业人员的极大兴趣。社会化商务是一个跨学科的领域，内容涉及商业模式与策略、消费者与组织活动、社会网络技能、大数据分析技能、系统设计、商业实务、科学研究方法，以及对商业价值的前瞻性与回顾性评价。这样的评估可以帮助企业更好地了解社交媒体在竞争日益激烈的在线市场中的潜在影响。

🔍 案例 2-4：拼多多

拼多多是专注于C2B（customer to business，个人对企业）拼团的第三方社会化电子商务平台，也是境内主流的手机购物应用程序。用户通过与父母、好友、邻居等一起拼团购物，可以获得更优惠的价格，由此建立了拼多多的"社交新电商"模式。凭借该模式及渗透下沉市场的策略，拼多多在 2020 年成为境内用户规模最大的电子商务平台。

拼多多将电商（拼团）和社交（分享）融为一体，鼓励用户通过分享来获取让利。用户为了达成交易并获取优惠，必须参与到这一"拼团分享"的社交游戏中。在拼团分享的过程中，用户自发帮助商家推广，从而形成"病毒式传播"，解决了电商平台的流量与销量的问题。拼多多作为第三方电子商务平台，其盈利模式主要是从入驻平台的商家中获取在线推广收入及交易服务费。利用社交媒体的巨大流量，拼多多利用用户的朋友圈进行营销传播，形成了自治的商业生态模式。

然而，拼多多的社会化商业模式也存在一些问题。一是商品缺乏质量与信用保障，用户和商家缺乏信任机制。随着人们生活和消费水平的提升，越来越多的消费者追求产品的使用体验。若一味追求低价，商品质量难以得到保障，仿冒或低质商品会不断出现，这会造成消费者信任度的降低，甚至消费者的权益也会受到损害。二是消耗社会关系资源和熟人的信任。用户在与周围熟人都分享过之后，可能陷入无人配合的局面，频繁分享甚至可能导致社会关系恶化，从而影响该模式长期的健康发展。

四、社会化娱乐

社会化娱乐（social entertainment）旨在通过社交媒体让用户体验与分享愉悦的事件、表演和活动。社会化发布和社会化娱乐领域之间的区别在于定位不同：前者是知识共享，后者是娱乐共享。社会化娱乐包括社会化游戏、社会化音乐和社会化视频，如王者荣耀、全民 K 歌、YouTube 等。

当前，社会化游戏是社会化娱乐领域最先进的板块，它提供了与网络玩家即时互动的机会，能够在线发布动态和展示游戏胜负结果。此外，元宇宙也是社会化娱乐发展的一个重要方向，尽管元宇宙的概念目标是要创造一个与真实社会世界直接映射与互动的虚拟社会世界，然而现阶段它所能实现的功能主要还处于游戏场景。在当前已经落地的元宇宙场景中，虚拟现实技术、增强现实技术让人们可以在虚拟世界创造自我替身，并通过该虚拟角色实现一些基本的社交功能。同时，各种围绕扩展现实技术的游戏及娱乐共享设施也被制造出来，帮助实现元宇宙中社会化娱乐的应用场景。

🔍 案例 2-5：王者荣耀

王者荣耀是由腾讯旗下天美工作室开发并于 2015 年上线的多人在线快节奏竞技游戏。在该游戏中，玩家们以竞技的对战方式，可完成 1 对 1、3 对 3、5 对 5 等多种模式的对战。王者荣耀一经推出便受到玩家的热烈欢迎：2017 年 5 月，取得全球手游综合收入榜冠军；截至 2019 年，总营业额达 78 亿美元（约 511 亿元）；2021 年入选杭州 2022 年亚运会正式竞赛项目，成为首次入选亚运会正式竞赛的电子游戏。

王者荣耀能够成为一款现象级的热门游戏，除了其自身较强的娱乐性，也离不开它的社交属性。王者荣耀作为腾讯旗下的游戏，充分依靠了腾讯系的社交软件。游戏玩家可以使用微信和 QQ 账号登录游戏，与线下好友一起在线上"组团开战"。依赖于熟人社区，玩家组队的积极性提高，游戏沉浸程度增加。当然，玩家也可以与陌生人组队，结交新朋友。当两位玩家的亲密度达到一定程度时，可以选择成为"情侣""闺蜜"等关系，促进强关系的建立。

为了进一步加强这些社交联系，王者荣耀开放玩家定位功能，根据所属地区进行排位；此外，玩家可以将个人战绩一键共享至好友，不但使玩家的虚荣心得以满足，更达到了游戏推广的效果；而王者荣耀的人物皮肤大多需要付费购买，皮肤可以在游戏过程和个人主页中展示，具备社交属性。此外，赠送虚拟道具等功能也极大地满足了好友间互动送礼的社交需求。基于这些功能，玩家提高自己的社区声誉、获得社区认同的动机得以强化，从而提高了玩家的游戏

参与度。

此外，王者荣耀也有自己的内容社区，涵盖游戏策略、游戏视频、玩家圈、文化站、音乐等多种内容形式。除了与游戏本身相关的内容，还包括人物混剪、连载同人小说等周边内容。社群的形成使王者荣耀从游戏扩展为"文化IP"，吸引了更多玩家加入其中。

第三节　社交媒体平台的综合性趋势

正如第二节中提到的，近几年，社交媒体不仅是人们日常沟通的媒介，而且深度融入人类生活与工作的方方面面。各大社交媒体平台演变成"无所不包的平台"，因此，一个平台可能同时从属于多个类目，我们以抖音为例来加以介绍。

🔍 案例 2-6：抖音

抖音是字节跳动公司于 2016 年发布的短视频应用软件，该软件最初以音乐短视频为主要特色，它允许用户自己挑选音乐，将拍摄内容加以创造性的编辑，辅以特效，形成比较短小的视频作品（一般为 15 秒）进行发布并与他人共享，视频内容涵盖音乐、舞蹈、美食、动物、运动、亲子、旅行、科技等 19 个大类。由于短视频传播速度快，信息接收度高，且对于制作者来说门槛较低，满足了多数普通人记录日常生活、追求新鲜感、通过表达自我获得关注的需求。上线以来，抖音用户数量快速增长，截至 2022 年 5 月，抖音的日活跃用户达到 6.75 亿，催生出了直播带货、网络办公、在线教学、线上健身等新兴模式。丰富多元的视频内容和强大的社交功能使抖音成为境内领跑的短视频社交应用之一。

一、抖音的社会化社区

抖音鼓励用户拍摄短视频来分享生活，是典型的社会化社区平台，其社交属性包含以下几点：①用户可以对视频进行点赞、评论、转发等，也可以关注他人形成社交联系，从而为拥有共同兴趣爱好的用户提供交流沟通的渠道。用户的个人主页会显示本人的获赞数、关注数和粉丝数，这不仅会给用户带来成就感，同时也可以激励用户进行内容创作。值得一提的是，抖音评论区的互动性已成为抖音社交属性的关键。这些评论或幽默风趣，或见解独到，成为附加于视频内容之上的UGC，创造出的价值甚至超出内容本身。②抖音视频基于地理位置进行视频推荐。抖音的"附近板块"可以显示用户附近的人拍摄的视频，用户可以在该板块看到线下好友发布的视频，从而强化已有的线下联系；也可以通过该板块认识新朋友，拓宽社交圈。③用户还可以对他人的视频模板进行复制，从而达到互动的效果。一方面，这是对他人创作的认可与肯定；另一方面，它也降低了用户的发布成本，依靠简单的模仿剪辑就能制作出有特色和高视听体验的优质短视频，能够激励更多用户的参与。

二、抖音的社会化发布

由于抖音受到用户的广泛认可和喜爱，许多政府机构和媒体平台纷纷入驻抖音，使抖音成为典型的社会化发布平台。各个行业的专业内容供给者（政府、媒体、企业、研究机构或其他组织）均可免费申请入驻，利用短视频传递社会正能量。此外，抖音推出了类似微博的搜索功能和热搜榜单功能，用户可以在平台上搜索感兴趣的视频话题或者其他用户。根据抖音用户的搜索关键词，抖音会实时列举热度高的视频话题，这也成为抖音用户了解热点的重要信息获取渠道。

三、抖音的社会化商务

短视频累积的大量流量催生出抖音电商。传统电商主要依靠消费者需求来驱动，即用户先产生购买商品的需求，然后才会在平台上进行搜索，进而可能产生消费行为；而抖音电商模式则靠兴趣内容驱动，凭借短视频内容直接激发消费者的潜在需求。例如用户在浏览一个吃播短视频的内容时，本来没有购买相关食品的需求，但被短视频画面吸引，随后在平台下单购买了该食品，这意味着用户需求是由平台内容主动创造的。短视频负责"种草"，直播负责带货，二者相辅相成，成为在线电商的新风口。此外，抖音也推出了电商直播功能，消费者可以与主播进行实时性交流；消费者之间也可以就产品进行讨论，大大提高了消费者的购物体验，弥补了传统电商购物方式的缺点。

四、抖音的社会化娱乐

抖音的社会化娱乐主要体现在两方面。第一，抖音早期的视频内容以创意、搞笑为主，建立了抖音的娱乐基调。越来越多的用户已经习惯用抖音短视频填补自己的碎片时间，从搞笑和有趣的视频内容中获得放松。其次，抖音于 2019 年开始上线小游戏，进一步强化其娱乐属性。小游戏通常操作相对简单、玩法单一、容易上瘾，类似于短视频，适合打发时间。根据抖音 2022 年游戏大会报告，2021 年，抖音游戏内容兴趣用户达 3.4 亿，抖音游戏内容累计播放 1220 亿次，巨大的流量也为抖音带来了新的变现机会。

🔁 章末案例

小红书直播

　　近年来,直播为电子商务等领域注入了新的活力。直播带货,无疑是小红书2023年商业化进程中浓墨重彩的一笔。这一年,其平台上76个账号涨粉超百万,79场直播GMV(gross merchandise volume,商品交易总额)超500万元,迎来了买手时代。商机萌芽于2023年2月底,一位著名的女明星在小红书单场直播GMV超过3000万元,这种区别于传统叫卖式的慢直播方式,在行业内引起了广泛的讨论。困扰小红书多年的商业化与社区之争,迎来曙光。该女明星以4场直播、累计预估GMV达1.94亿元的成绩位居2023年9月—12月小红书直播带货榜榜首。而她个人2023年全年涨粉264万,成为小红书涨粉最多的个人账号。不仅有多位女明星陆续投身于小红书直播间,中腰部博主们也在其中挖掘商机,其中有人虽粉丝量不到10万,但单场直播GMV也超过千万元。直播电商能受到广大消费者的欢迎,关键原因在于其较强的社交属性。

　　小红书直播业务的兴起并不是偶然的。一方面,小红书凭借其强大的社区氛围和用户黏性,为直播业务提供了丰富的土壤。另一方面,小红书的直播业务也在适应和利用消费者的购物习惯和需求的变化,将社交和购物结合起来,提供一种全新的购物体验。

(资料来源:根据网络相关资料整理)

● 本章小结

本章主要学习了以下内容。

1. 社交媒体内容

社交媒体内容主要包括用户生成内容和商家生成内容。其中用户生成内容泛指用户在平台上自己创作并发表的文字、图片、音频和视频等各种形式的内容和信息;商家生成内容指公司的营销部门代表公司在社交媒体官方账号上发布的内容。

2. 用户生成内容的作用

用户生成内容对于企业而言,可以帮助企业建立口碑并促进销量,同时也提供了企业倾听消费者声音的渠道。对于消费者而言,通过浏览他人生成的内容可以获得更多的信息来源,从而做出更加理性的购买决策;消费者也可以通过自发地生成内容来帮助他人、与他人互动,从而获得参与感和满足感。

3. 商家生成内容的作用

社交媒体营销逐渐成为商家营销的重要渠道，它主要有以下 3 点作用：①通过宣传推广提高公司的财务绩效；②通过内容互动促进消费者的社交媒体参与；③通过即时反馈进行服务补救和客户关系管理。

　　4. 社交媒体平台的分类

　　社交媒体平台是以社会化网络为基础、以技术为依托并建立在共享参与的原则之上的平台。根据其主要功能，可划分为社会化社区、社会化发布、社会化商务、社会化娱乐 4 类。其中社会化社区和社会化发布由于常常在一款社交媒体软件中同时出现，我们将它们合并为同一类。此外，由于近几年社交媒体平台的体量逐渐庞大，一个平台也可能同时从属于多个类目。

● **关键词**

社交媒体平台（social media platforms）　　　社会化社区（social community）

社会认同（social identity）　　　　　　　　社会化发布（social publishing）

用户生成内容（user generated content）　　　社会化商务（social commerce）

商家生成内容（marketer generated content）　社会化娱乐（social entertainment）

● **复习题**

1. 用户生成内容主要有哪些作用？

2. 商家生成内容主要有哪些作用？

3. 社交媒体平台可以划分为哪些类目？

4. 请列举 3 个社会化商务平台。

5. 请问微信属于哪类社交媒体平台？为什么？

第三章

社交媒体营销概论

【学习目标】

当阅读完本章时，你将能够：

1. 总结社交化客户关系管理的内容和优势。

2. 掌握社交媒体营销的 4 个关键要素。

3. 解释社交媒体营销的含义。

4. 了解社交媒体营销的商家策略。

⊙ 开篇案例

爱维尔蛋糕的社交媒体营销实践

爱维尔蛋糕公司是在华东地区拥有 20 余年经营历史的著名糕点连锁企业。通过诸多前瞻性探索，爱维尔蛋糕面向消费者，从电商平台、社交社群、门店体验等多方面进行全域化营销。

爱维尔蛋糕首先通过门店与前来购买的客户建立微信关系并建立社群，然后店员会对客户进行筛选、分层，对不同类型的客户采取不同的微信推送方式并开展各式各样的内容营销。爱维尔蛋糕根据不同的销售环境采取不同的传播方式，例如在商务环境进行宣传通常使用公众号图文并茂地加以推广，而在家庭环境进行宣传则选择受客户欢迎的短视频方式。另外，在内容传播方面，爱维尔蛋糕也会为选定的主题推出有针对性的内容。比如，在以端午节为主题的内容营销中，爱维尔蛋糕会选择烧肉粽为首推商品，通过团队成员的朋友圈等社交媒体进行内容投放。员工们成功打造出多种多样的营销文案，点赞率颇高。

目前，爱维尔蛋糕已经形成了 70 多个微信社群，日均活跃用户数近 2 万人，社群销量已占到了线下店铺总体销量的 41%。

[资料来源：李忠美, 王晓兰, 宋桂玲. 数字营销下的私域流量搭建与运营实践研究：以"爱维尔蛋糕"微信社群为例. 企业科技与发展, 2021(10): 163-165.]

第一节　社交媒体营销

一、社交媒体营销的定义

社交媒体营销（social media marketing）是利用社会化媒体技术、渠道和软件来创造、沟通、交付和交换对客户有价值的产品的活动。

市场营销是包含一系列创造、沟通、交付和交换对客户有价值的产品的活动。经典的观点认为，组织可以通过营销组合来实现这些目标，即所谓的 4P——产品（product）、价格（price）、促销（promotion）和地点（place）。而随着社交媒体的发展，基于以下改变，现阶段需要增加第 5 个 P——参与（participation）。

社交媒体不仅改变了消费者的日常生活，也改变了营销人员的业务开展方式。无论是改善客户服务、维护客户关系、传播品牌优势、推荐优惠产品、开发新的产品，还是影响消费者对品牌的态度，社交媒体都发挥着举足轻重的作用。

社交媒体的出现改变了品牌和消费者的互动方式。传统营销侧重于单向地向目标受众推送信息，客户和组织之间很少有交流和反馈的机会，信息则由组织以自上而下的方式控制。社交媒体营销则不同，消费者在此过程中拥有更多的权利。

通过社交媒体营销，消费者的参与能力、与品牌方的互动水平得到了极大的增强，消费者与品牌方彼此之间可以进行讨论、贡献、合作和分享。管理大师彼得·德鲁克曾经说过一句名言："企业的目的是创造客户。"在社交媒体营销的时代，可以将其改写为："企业的目的是创造客户，而客户又为企业创造其他客户。"可见，参与过程是市场营销的第 5 个 P。

二、社交媒体营销的发展阶段

按照网络技术的特点、社交媒体营销的特点及其与传统市场营销的关联性，社交媒体营销的发展包括四大阶段。

（一）社交媒体营销 1.0 阶段

此阶段始于 20 世纪 90 年代，以 Web1.0 互联网技术为代表。常见的互联网企业包括新浪、搜狐等综合性门户网站，以及谷歌、百度等互联网搜索引擎。这一时期，消费者一般以阅读或浏览资讯为主要目的，在网络平台中话语权较小，基本属于被动的资讯接受者。而企业在此时期的互联网营销则以网络广告传播信息为主，其类型主要包括网络广告、搜索引擎推广、电子邮件营销、BBS 营销等，而上述方式实质上仍是企业市场营销中的广告手段。

（二）社交媒体营销2.0阶段

此阶段出现在2000年前后，以Web2.0互联网技术为基础。典型的互联网企业主要有Facebook、Twitter、人人网、新浪博客、腾讯博客等交互网络平台，亦有淘宝、天猫、京东、当当等电子商务平台。此阶段使用者以沟通交互为主要目的，开始接触在线购物，参与度明显提高。企业在此阶段的网上营销主要以企业品牌宣传为主、以互联网渠道的产品营销为辅，具体表现形式有博客营销、播客营销、RSS营销、SNS营销等。这种营销手段实质上依然属于传统市场营销的渠道。

（三）社交媒体营销3.0阶段

此阶段从2010年前后开始，以Web3.0网站技术为依托。常见的网站有新浪微博、微信、美团、蘑菇街等。此时期，消费者一般以购买消费、娱乐、共享物品为主要目的，并逐步形成了消费者的网络社会和生态。企业在此时期的网络营销主要以网络品牌建立、目标客户吸引为目的。主要形式有微商销售、好友圈销售、品牌社群销售、直播销售、网红营销、自媒体营销等。在此时期，社交媒体营销开始全面冲击传统销售模式，初步建立了新的技术标准和销售规范。

（四）社交媒体营销4.0阶段

此阶段出现在2016年前后，以人工智能、移动智慧终端、虚拟现实、区块链、创新的网络支付技术等为代表的新兴科技是其重要的现实基础。经典的产业类型有京东众筹、滴滴打车、共享式单车、无人商店、无人驾驶汽车、车联网等。在该发展阶段，使用者既是消费者（使用者），也是服务生产商，更是信息资源的提供商。企业在此发展阶段的主要任务是，通过重塑公司盈利模式和信息资源利用方式，推进公司线上线下结合和价值共创，形成公司和消费者的共生关系，具体形态有智联网营销、区块链销售等。此阶段的社交媒体营销借助互联网的全新生态，逐步重塑了市场和品牌价值，形成了营销的新模式。

第二节　社交化客户关系管理

一、从客户关系管理转向社交化客户关系管理

客户关系管理（customer relationship management，CRM）是专注于获得大量客户服务，并创建持久的可维持的联系，以便于向客户服务人员及其团队传达价值的管理工作方式。CRM是一种商业思想和经营策略，它利用现代技术工具，基于商业原则、业务流程和社会属性，在可信和公开的商务条件下利用协同会话等方式留住客户，从而创造互惠互利的企业价值管理工作模式。

如今，大多数的CRM应用程序的开发和业务的拓展在很大程度上都取决于IT技术的应用。由IT支撑的管理项目，形成了所谓的电子商务客户关系管理（electronic customer relationship management，e-CRM）。电子商务客户关系管理采用现代电子商务方法协助企业管理客户。采用现代信息技术的e-CRM是对原有CRM技术和现代电子商务应用技术的融合，包含了更广泛的现代技术，用以辅助企业的CRM战略。

社交化客户关系管理（social customer relationship management, SCRM）利用社交媒体的功能，实现与用户的沟通、共享和互动，也提高了彼此的社会认同感。SCRM依托于社交媒体，在公司的既定目标下支持提升顾客服务，从而培养客户的信任与忠诚度。SCRM成功与否取决于用户、商业过程和产品三者间的相互联系。

SCRM是CRM的一个扩展，但并非替代。SCRM用社交媒体工具完成公司和顾客之间的对话，从而增加了两个维度：社交媒体与人。SCRM的主要目标是使公司与顾客一起获益。对公司来说，能够增加顾客的信心和忠诚度，提高商品的销量。对顾客来说，SCRM能够提供更好和更便捷的服务、更多的活动和更快速的产品更新。SCRM也是公司策略的组成部分，帮助公司应对社交化顾客的管理。

二、社交化客户关系管理的内容和优势

社交化的客户关系不再是单纯的企业和顾客之间的交易关系，更是以顾客为中心的、多维度的合作关系。随着我国微博、开心网等社交媒体的出现，境内外企业对运用社交媒体市场营销的意识也将愈来愈强烈。企业逐步意识到以顾客为中心的社会化媒体战略对于建立、增强顾客忠诚度的重要性，通过顾客在微博等社交媒体分享的体验获得口碑，从而获取更多用户的信任。

为了检测和分析这些媒体渠道中的客户反馈，企业需要建立一套感知和响应系统。SCRM能够协助公司快速、方便地对顾客要求、观点及员工在社交媒体中的行为特征加以确认与回应。企业需要意识到，不仅仅要用社交媒体来维系与构建客户关系，还需运用社交媒体工具与技能来找到顾客关注的议题、发现顾客对商品的兴趣、解决顾客的问题，并及时发现市场机会。这在社交媒体营销中非常关键。SCRM可以与社交媒体建立联系，帮助企业精准了解社交媒体上的情感需求，同时也有助于管理者利用数据分析来找到解决商品、业务和顾客相关问题的方法，帮助企业尽可能了解顾客的各种诉求。

SCRM的内容包括以下几个方面。

（一）确定市场目标

先明确自己希望达到的市场目标。企业通常都想得到更多的顾客和利润，但需要

思考的就是实现这些目标的路径与方式。其中，合理的网络营销方法包括对网络流量的导入、竞价排名、吸引顾客在社会化网络上的互动，等等。

（二）整合已有客户渠道与社交媒体

把原来的客户渠道尽可能整合在社交媒体上。比如，企业可以给客户发电子邮件、让客户关注自己的微博、加客户的微信、将客户拉入微信群，等等。

（三）明确目标受众

这点十分重要，关乎企业的计划如何才能精确地送达目标群体，而且要尽量考虑得具体、细致，包含行业、个性、年龄、购物习惯、收入、家庭教育情况等。

（四）挑选正确的平台

确定企业的主要客户在哪些平台。如果核心客户主要是使用微博或视频平台，那这些平台正是企业需要着重注意的。对中小企业而言，没有太多的资金支持所有的社交媒体，所以要尽可能抓住客户最喜欢的几个社交媒体。

（五）积极主动地参与

假如你只言不听，就没有人乐意和你"交朋友"。同样地，在社交媒体中，消费者更期待自己得到企业和品牌的关注。消费者感觉到自身正在"被关注"时，他们会更希望和企业建立联系。

（六）评价和监测

完善的评价监测体系必不可少，因为它可以为企业的策略决策提供有力的、科学的依据。

社交媒体时代，新兴顾客，也就是所谓的社交化客户，对组织服务提出了全新的需求。社交媒体工具通常能够以较低的成本很好地满足这种需求。社交媒体提供的组织和协同机制在公司得以正常执行，最终能够为公司创造市场竞争的优势。

SCRM对用户的影响包括：加快问题的解决；迅速为客户提供产品和服务信息；运用社会化媒体平台增加顾客的参与度，进而提升顾客的满意度。

SCRM对企业的影响包括：提供了集中、直观且便于应用的CRM应用程序；基于客户内容的创新，以更高的效率和更少的成本进行客户调查和客户数据分析；收集并共享社交互联网上的知识以改善员工的表现；提高企业的声誉。

第三节　社交媒体营销的关键因素

目前，传统广告形式影响逐渐下降，而社交媒体对消费者的影响越来越大。越来越多的品牌方把社交媒体运营纳入他们的市场推广策略中，以期望提高在其目标用户中品牌的知名度与影响力。本节将具体介绍其中的关键因素，即意见领袖（key opinion leader，KOL）、关键意见用户（key opinion customer，KOC）、公域营销（public domain marketing）和私域营销（private domain marketing）这 4 个概念。

一、KOL和KOC

（一）KOL

KOL 代表某人在某个垂直领域拥有相当丰富的知识和见解，能利用自己的专业知识合理客观地评价某类产品或服务的优劣，帮助他们的粉丝更合理地做出决策。KOL 一般在社交媒体上非常有名气，拥有成千上万，甚至上百万的粉丝群体。境内的很多知名品牌，比如小米、华为等，会选择和某些高质量的 KOL 展开合作，让这些 KOL 发布新产品的使用体验，以便让其粉丝在做购买决策之前有更深入的了解。

KOL 的意见在相当程度上直接影响了一些用户的消费决策。经过专业内容的不断输出，已经积累了大批粉丝的 KOL 们广布了"种草"（指推荐好货促使他人购买的行为）的内涵，并与粉丝进行文化与商业上的互动。因此 KOL 本质上是一种以自己的影响力来获得回报的职业。KOL 利用本身相对大的流量，和品牌方合作往往以固定费用或者销售佣金作为交换。值得注意的是，因为高质量的 KOL 更专注于长期创造优质的内容，通过社交媒体的广告形式获得大部分收入，所以他们对于产品本身及联系技巧都有很高的要求。

KOL 的粉丝黏性通常较高。每位 KOL 都有其自己的个性风采与标签，容易吸引到同一类别的消费者，有助于产品内容更有效地接触目标消费者。KOL 推广的关键在于连接产品和消费者，借助高质量内容和独特魅力使消费者对自己产生认可，从而形成自己的粉丝群体与相关产品的忠实用户群体。这一点和下一节将要提到的私域营销有相似之处。目前，带货能力较强的 KOL 们基本上分布在抖音、快手、小红书及淘宝直播等主流社交媒体上。

（二）KOC

KOC 指那些已经选择了某一类商品和服务的用户，他们根据自己的实际使用情况，提出意见，能够吸引自己的好友、粉丝产生消费。KOC 是终端消费者，他可能是看了某个他关注的 KOL 的视频以后才做出的购买决策。他们不一定会认同 KOL 的所有观点，可能会形成自己独特的意见并分享。KOC 很看重自己的观点，他们的行为一般不是以盈利为目的。相比 KOL 而言，KOC 的地位要弱不少，因为 KOC 的粉丝更少，故影响力也更小。不过 KOC 的优点是更垂直、便宜，对提升用户口碑、增加复购率

社交媒体与社会网络分析

有重要的意义。

　　KOC本人也是消费者，分享的内容多是亲身感受。他们的短视频更受人信赖，他们离消费群体更近，更加重视与粉丝之间的交流，因此，KOC与粉丝之间建立了比较信赖的关系。另外，他们的信息内容、文案虽不精美，或者有时还很粗糙，但因为真诚所以值得信赖，因为交流所以热情，这带来的成果显而易见。总之，KOC一般情况下是粉丝的好朋友，因其真诚、值得信赖等特点而影响消费者。

（三）KOL和KOC的关系

　　KOL和KOC各有利弊，两者也各有侧重。KOL更侧重于品牌知名度的扩散，好的产品能促成立竿见影的销售转化；而KOC则更侧重于销售导向。KOL的流量和效率不是KOC可以比拟的，在流量金字塔顶端的KOL能够很迅速地建立知名度，并引爆新产品；KOC在用户群体中具有很大的购买决策影响力，甚至可以引导其他潜在消费者的购买行为。KOL发布商品内容后，KOC对于商品的热门评价，通常更能反映普通用户的消费态度，也可以在较大程度上影响用户的最终决策。就传播信息而言，KOC所分享的信息往往不聚焦且生活化、有趣，是一个普通用户的角色，这让KOC具有更强的真实性，也更容易让其他消费者选择该产品或服务。就使用关系而言，由于KOC和一般使用者之间关系比较密切，因此在发表信息上更能利用同理心来吸引一些使用者；而KOL往往由于业务合作的问题，提供的内容可能并不被消费者所信赖。

🔍 案例 3-1：Instagram 中的微型影响者和宏观影响者

　　Instagram是一个免费提供在线图片及视频分享的社交应用程序，于2010年10月上线。在Instagram中，宏观影响者特指那些影响范围大，可以很快地为品牌提高知名度，但合作难、要价高的用户。而微型影响者则特指那些数量众多、成本较低、与普通用户的关系更加紧密的用户。对Instagram 微型影响者的调查研究显示：①80%的微型影响者每天至少花3小时在社交媒体上，其中的47%则花了至少5小时；②77%的微型影响者每天都发布新的内容，99%的微型影响者相信他们所推销的产品；③37%的微型影响者主动选择和某个品牌合作是因为自己喜欢该品牌；④微型影响者认为营销中最重要的因素是真实性，其次是内容质量和粉丝参与。此项调查的数据还显示，微型影响者的用户参与率比宏观影响者的用户参与率高7倍。

二、公域营销和私域营销

（一）定义

公域营销指利用一些推广方法来获得公域流量。公域流量也称网络流量，是一个团体所共享的流量而不属于某一个主体，具体指企业利用网络平台，如淘宝、美团、京东等开展业务而获得的流量。公域流量的最大优势是流量属于产品，企业在进入后可以投放广告或使用促销活动等方式获取目标用户的成交量。

私域营销指通过一些营销方式来获取私域流量，与公域流量不同，私域流量可以直接触及粉丝、客户，获客成本低，并且不限时间、不限频次，可以被品牌反复利用，是掌握在品牌自己手中的流量。私域流量由品牌方自行运营获取，一般与社交链密切相关，如品牌与客户的微信群、品牌官网等，可以不受限于平台规则。

（二）公域营销与私域营销的差异

公域营销与私域营销存在诸多差异：①竞争对手不同。在淘宝等公域流量中，企业会遇到强大的竞争对手，面临数十、数百个同行的争夺；但是私域流量只属于企业自己，不会面临来自同业的竞争。②留存率不同。公域流量的用户群体较难留住，客户群体也易于丧失；而私域流量客户仅针对自己一人，这样就能够利用自己的体系进行精细化运作，从而提高用户黏性。③操作方式不同。一般情况下，运营公域流量时，企业主要考虑扩大粉丝基数来获取更多红利；但在私域流量中，首先要考虑的是怎样维持流量，从用户那里获得更多的利润。④转化方法不同。获取公域流量通常需要投放广告，但是流量是无法控制的，有时投放效果差，因此转化率也不高；而私域流量则不同，当用户被沉淀在体系内后，重要事件、通知、促销活动、会员权益、下订单等，均能在自身体系内完成，无须再投入巨额广告费进行资源争夺。综上所述，相比于经营公域流量的高额投资，经营私域流量更能够使商户减少经营成本、增加利润。要利用好公域流量增加客户基数，好好积累私域流量增加客户黏性，提高转化率。

随着互联网发展的日益成熟，流量红利增长空间有限，以往的增量市场如今逐渐转变为存量市场。公域流量红利消退，营销宣传信息无法持续抵达用户，用户黏性度不高，而且公域流量渠道单一。在这种情况下，越来越多人开始关注到私域流量运营，更加注重企业与顾客关系的拉近，如社群运营等。越来越多的公司在开发新用户的同时注重维系老用户，让老用户发挥更大价值，对其进行二次开发。

在传统的销售模式中，品牌方与平台方、分销商等建立了联系，并通过媒介传播等途径使用户记住并选择商品，但品牌方却不能直接对接消费者，因此与消费者互动

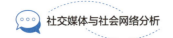

性相对较弱。随着社交媒体的兴起，品牌方已经能够越过传统销售模式中的平台、分销商等第三方，直接对接消费者，高效建立与消费者之间的关系，为私域营销提供了基础。品牌方可以包揽生产、营销和交付等全流程，与消费者形成深度链接。

（三）公域营销与私域营销的整合

通过各种形式的整合，也可以打通公域、私域之间的大数据，形成全新的营销化学反应。这样做品牌方不仅可以在公域流量中获得大量用户，还能沉淀私域流量，从而最大限度地发掘用户的市场价值。公域与私域的结合主要有两个途径：第一种途径，即公域导流，私域下沉。商家通常会先在公众号、抖音、快手、小红书等网络平台开设自己的账号开展品牌宣传、内容推广等活动，以自身品牌声誉积聚用户量，再通过投资引流、异业协作等，把网站平台流量或他人企业品牌的流量直接导入自己的账号。第二种途径，存量带动增量，也就是人们俗称的存量裂变。利用朋友圈海报的分享、福利等噱头，利用自己私域池中的小流量，去触达其他的粉丝群，把其潜在用户吸引成为品牌的私域流量。

公域营销能够以低价获取高价值的新客户，而私域营销则能够采用免费的、常规性的方法经营存量顾客。在当下获客成本费用较高的情形下，采用这样的组合方法能够迅速发掘存量用户的价值，并采用精细化经营的方法实现用户的增长。

第四节　社交媒体营销应用

与传统的营销策略相比，社交媒体营销尤其强调用户参与的重要性。过去的研究表明，用户参与的增加能够为商家带来品牌忠诚度的提高、购买支出的增加及盈利能力的改善。因此，鼓励用户积极参与社交媒体上的互动、创造高质量的内容，已经成为社交媒体营销的重点。本节将重点介绍用户生成内容的重要性、用户贡献内容的动机、如何激励用户贡献内容，以及社交媒体营销中的商业策略。

一、用户生成内容

在上一章我们提到用户生成内容即UGC，是指用户通过互联网发布和传播原创内容，包括评论、博客、帖子、回答等，是社交媒体的关键组成部分。UGC的一些指标如效价、数量、评分等，具有重要的现实意义。用户生成内容的效价分为积极、中立和消极3种，反映了用户对事物的评估，对用户行为及其购买决策有重要的影响。与中性信息相比，积极信息和消极信息往往具有更大的影响。就线上评论而言，负面评论被认为对消费者的购买决策有更大的影响力。与效价不同，数量反映了过去用户的选择量。比如，在评分一样的情况下，消费者可能会更倾向于购买评论数量更大的产品。通过选择有更多消费者评价的产品，消费者可以降低质量不确定性带来的负面影响，这跟消费者更愿意走进一家生意兴隆的餐厅是一样的道理。用户生成内容的效价和数量在产品的不同时期可能会发挥不同的作用：一般认为，评分在产品发布初期的影响更大，但随后评论数量将占据主导地位。

对用户而言，不同的用户生成内容的有用性（helpfulness）是不同的。就线上评论而言，被消费者认为有用性越高的评论，对消费者的购买决策和产品销量的影响往往越大。就内容本身的特征而言，字数、文本情感、是否包含图片等，都被认为会影响用户生成内容的有用性。过去的研究还发现，用户生成内容的有用性还取决于产品的热门程度和消费者的经验：一般而言，产品越是没那么热门，消费者的经验越是缺乏，线上评论的作用就越大。评论的有用性还取决于产品类别：对于体验型产品，中性的用户生成内容被认为比极端的用户更有用；对于实用型产品，越是极端的用户生成内容，比如极端好评或者极端差评，被认为越是有用。另外，用户生成内容的作用还因品牌实力的不同而有所差异。对实力较强的品牌而言，积极的用户生成内容并不能显著提升他们的销量；但是，对实力较弱的品牌而言，积极的用户生成内容可以为品牌带来更多销量，而更多销量往往会带来更多积极的用户生成内容，因此形成一个良性循环。

尽管以评分为代表的用户生成内容已经发挥了无可替代的作用，但是关于线上评分是否及在多大程度上反映了产品的质量和消费者的总体满意程度，目前尚无定论。总体而言，过去的研究显示，评分在一定程度上是存在偏误的。其中，报告偏误（reporting bias）被认为是导致评分偏误的重要原因：根据不同的研究结果，相较于对产品满意的消费者，对产品不满的消费者更倾向于评论或不评论。因此，产品缺少评论信息，即所谓的"寂静之声"，实际上反映了部分消费者对产品的不满，被认为是一种关于产品质量的负面信息，而线上评分并没有体现这部分消费者的不满。评分偏误的另一个原因是评论者的动态性。率先对产品做出评价的往往是那些更容易被产品吸引、因此更容易满意的消费者，而后续的消费者则主要由普通消费者组成。这种评论者的动态性导致了初期偏高、随后逐渐降低的评分趋势。此外，同侪效应（peer effect）或羊群效应（herding effect）同样也会导致评分偏误：消费者的评论行为在很大程度上会受到其他消费者的影响，这里的"其他消费者"既可以是专业人士、关注的好友，也可以是素昧平生的任何人。

二、内容贡献

考虑到用户生成内容的重要性，鼓励用户贡献更多高质量的内容显得尤为重要。作为一种公共品（public good），尽管可以为其他用户带来有价值的信息，但是提供高

质量的内容需要用户付出一定的努力。在多数情况下，用户并不能从提供高质量的用户生成内容上获得直接的回报。用户生成内容的这一外部性解释了许多线上平台广泛面临的难题，即用户生成内容不足。两个问题因此显得尤其重要：第一，为什么消费者愿意评论？第二，如何激励消费者评论？

一方面，贡献用户生成内容可能是一种利他的行为。在没有报酬的情况下，消费者之所以自愿付出努力贡献用户生成内容，可能是出于对其他用户福利的关心，希望帮助其他用户。比如，在经历了一次糟糕的用餐体验后，一些消费者会发布内容丰富的负面评论信息，其目的之一可能是提醒和帮助将来的消费者，避免其重复自己的错误选择。帮助其他用户可以为用户带来愉悦感，这份愉悦感将激励用户贡献更多有价值的内容。

另一方面，贡献用户内容可以为用户带来自我提升（self-enhancement）。自我提升是人类的基本动机。人们需要良好的自我感觉，并寻求他人的积极评价。因此，人们更倾向于分享那些让他们看起来更好的而不是更糟糕的事物，以及那些让他们看上去特别，能显示出自己的品位的事物。过去的研究发现，意识到自己对产品的评价会受到来自他人的评估，这会导致消费者给出更加负面的评价，这可能就是自我提升的动机在发挥作用。自我提升的动机还会影响用户所贡献的内容：用户更愿意自己创造正面的内容（比如一顿大餐），而倾向于去分享来自他们的负面的内容（比如一场灾难）。

如果说利他和自我提升属于自我驱动因素，那么社会比较和社会认同则属于激励用户生成内容贡献的社会驱动因素。社会比较理论认为，人们有一种内在的动力去将自己的观点和能力同他人进行比较。比如，通过向用户提供来自其他用户的评论数量的信息，用户会创造更多的评论内容。而且，向用户提供所贡献的内容的反馈，如阅读量和点赞量等，也可以显著提高用户将来继续贡献内容的意愿。社会认同理论则认为，对社区的认同感可以促使用户产生对社区的责任感，从而激励用户的内容贡献。对社区的认同感常常来自朋友之间的互动，因此过去的研究发现，用户生成内容的贡献意愿受到线上好友的影响：相对于陌生人，线上好友对用户贡献用户生成内容的激励作用更强，而且这一效果随着好友之间的亲密度的增强而增强。同时，随着线上好友数量的增加，用户贡献的内容数量会增加，内容会变得更加客观，尽管可能也会变得更加负面。社区规模和身份披露也会影响用户贡献内容的意愿。

平台的激励机制也会对用户的内容贡献产生影响。根据社会交换理论（social exchange theory），激励机制可以通过社区声誉和经济激励两种方式补偿用户在内容贡献中付出的努力。研究发现，即使是一些象征性的社区声誉奖励，也能鼓励用户做出线上贡献，尽管这一激励作用会随着时间、奖励等级逐渐下降。一些研究则强调了经济激励在驱动用户贡献用户生成内容中的局限性：经济激励虽然能在短期内激励用户创造线上内容，但从长期来看，经济激励会破坏用户内在的利他激励，从而削弱其在没有经济激励时贡献内容的动力。将经济激励同社区规范结合起来共同实施被认为可能是一种更有效的办法。

三、社交媒体整合

许多在线平台都试图通过与知名社交网站的整合来扩充本地平台，这种做法被称为社交媒体整合（social media integration）。社交媒体整合的例子包括社交登录、连接和个性化等。社交登录允许新用户使用社会网络平台的现有账户在平台上注册账户，一旦用户授予访问其现有社会网络账户的平台权限，社交连接就能够使用户在该平台上的活动共享到社交网站上 [例如，在Facebook页面上分享Yelp（美国最大的点评网站）评论]。一般认为，个人在一个更大的网络中会表现出更多的亲社会行为，因此社交媒体整合对依赖于用户贡献的在线平台有着重要意义。

研究证明，评论网站（如大众点评）与社交媒体平台（如微博）的整合能够增加评论数量，提高评论文本中情绪语言的出现率。这种增长在很大程度上归功于积极情绪的增加，而否定词的使用率则显著下降。但以往的研究发现，情绪积极和符合标准的评论往往被认为不那么有用。因此，社交媒体整合似乎是一把双刃剑，虽然对评论数量的增加有益，但可能以牺牲感知质量为代价。

已有学者以腾讯用户为研究对象，通过在腾讯用户的个人资料页面添加豆瓣网页，使得他们能（使用他们的腾讯账户）直接查看豆瓣上的书评。这一账号连接功能通过强化同侪效应，构成了对豆瓣网站的外源性冲击，进而导致豆瓣用户写的评论变得更长、质量变得更高，且评分也变得更为多样化。

四、商业策略

（一）商家生成内容

商家生成内容即MGC，指的是商家通过社交媒体创建和共享的线上内容。根据社交媒体信息内容的分类，商家生成内容可以是以信息为中心、以情感为中心或者以商业为中心的内容，直接提供信息和与品牌个性相关的内容，信息共享、情感唤起和行动诱导的内容，信息量大、有说服力、有情感的内容，信息、推广或社区建设的内容，以及娱乐和信息相关的内容。

MGC对于消费者的购买行为有影响，且MGC在社交媒体中往往比较有说服力。一个理想的营销策略是将UGC和MGC合理地结合起来。营销人员不仅要积极推销产

品和服务，还应该认真设计宣传活动，鼓励消费者在社交媒体平台上进行信息性的，特别是有说服力的交流。例如，营销人员可以通过使用折扣券和奖励积分来鼓励消费者分享他们的体验。

一项关于Facebook上公司展现的广告内容的研究表明，与品牌个性相关的内容——比如幽默和情感——与更高水平的消费者参与度（喜欢、评论、分享）有关，而单独提到价格和交易的产品信息内容对参与度有负面影响，但当与品牌个性相关的属性相结合时，则能够提高消费者的参与度。此外，某些直接信息的内容，如交易和促销，能够推动消费者的转换路径（点击率）。因此，公司在社交媒体上的营销策略应当视情况而定，当产品信息内容与有说服力的品牌个性内容结合时，这些策略是更为有效的。

还有研究考察了注册商标对公司在Twitter上受众参与度的影响。结果表明，商标标签在增加社交媒体受众参与和信息传播方面发挥着关键作用，对于Twitter关注者较少的公司来说，这种积极影响更强。深入挖掘底层机制，研究发现商标标签使得撰写具有特定语言风格的推文更加关键：它可以放大商标标签对社交媒体受众参与度的积极影响。因此，为了最大限度地提高商标标签的有效性，公司应通过考虑特定的沟通和语言风格来制定正确的社交媒体参与策略。

（二）管理回复

在销售产品和提供服务的过程中，消费者的不满基本上是无法完全避免的。就像管理和应对传统渠道中的消费者抱怨一样，厂商需要对消费者在评论中表达的不满做出回应，设法了解造成服务失败的原因，尽量弥补消费者的损失。管理回复（managerial response），即厂商对线上消费者评论的回复，是厂商在线上评论平台回应消费者不满的主要途径。相较于制造虚假评论、恶意删除负面评论等手段，管理回复是少数被平台允许的影响消费者评论的策略。调查数据显示，有高达40%的消费者总是会阅读厂商对评论的回复内容，70%的消费者更倾向于购买回复消费者评论的厂商的产品。通过对消费者的负面评论进行回复，后续的消费者意识到厂商可能已经解决了评论中反映的问题，厂商可以大大减少对负面评论的担忧。

除了服务补救，管理回复还被认为是一种商家与消费者之间的线上互动方式，有助于促进消费者参与，并刺激消费者支付意愿和支出。商家和消费者之间的互动是整个消费者旅程中消费者体验不可或缺的一部分，可以增强消费者的参与感和归属感。管理回复让消费者意识到自己对产品的反馈和意见得到了商家的倾听，对产品和服务的改进做出了贡献，使消费体验得到了进一步的改善。

管理回复对消费者的影响可以分为直接效应和间接效应。其中，管理回复的直接效应指的是管理回复对被直接回复的消费者的影响，而间接效应指的是管理回复对将来的消费者的影响。过去的研究发现，管理回复具有显著的正向的直接效应，即管理回复可以提升被回复的消费者对产品的好评率。但是，就管理回复的间接效应而言，过去的研究则得出了不同的结论。具体而言，有的研究发现管理回复可以提升将来的消费者对产品的好评率。这是因为管理回复带给消费者一种被商家监视的感觉，导致消费者在做出差评时犹豫不决。这也可能归因于后续的消费者意识到厂家已经在对过去的消费者的回复中解决了自己的担忧。也有研究表明，管理回复会降低将来的消费者对产品的好评率。原因是，当消费者意识到商家正在倾听自己的意见并且自己可以得到补偿时，他们会变得更愿意提供关于产品缺陷的负面反馈。

另一个重要的问题是，商家应该如何回复线上消费者的评论。商家回复的方式会对管理回复的效果产生重要影响，但具体应该怎么回复却是一个复杂的难题。对于回复负面评论，一个基本框架是所谓的"3A"原则，包括确认（acknowledge）、说明（account）和行动（action）。就回复的一般特性而言，包括回复速度、回复长度、回复率等，它们会如何影响消费者对管理回复的态度并没有一个标准的答案。比如回复速度，虽然一般认为商家应该尽快做出服务补救，但是需要注意的是，线上的消费者并不会守在手机或电脑前等着商家回复他们的评论。事实上，太快地回复消费者评论反而会让消费者觉得商家没有认真考虑他们的意见和不满。回复长度和回复率也存在类似的深层次问题。

如何回复另一个需要注意的问题是回复的内容，其中的一个有趣的问题是商家是否应该反驳消费者在评论中的观点。在传统的服务补救场景下，反驳消费者的观点被认为是对消费者的不尊重，顺从迎合消费者的意见是多数商家会选择的策略。但是管理回复的不同之处在于，阅读管理回复的不仅是被回复的消费者，还包括其他消费者：顺从迎合评论中一些不合理的要求或观点，可能会带来更多的类似的负面评论。因此，面对某些负面评论，适当、合理、客观地对情况做出解释，可能是更好的回复策略。

语言风格也会影响管理回复的效果。在回复线上评论时，绝大多数商家会尽可能表现得礼貌，比如使用敬语、表达感谢或道歉、使用委婉的语句等。显然，礼貌体现了商家对消费者的尊重。几乎没有管理回复是不礼貌的，比如使用侮辱性词语；如果有，那意味着运营事故，需要追究工作人员的责任。那么，管理回复是不是越礼貌越好呢？自然也不是。不同的社交媒体有着不同的用户群体，不同的用户群体对于来自商家的礼貌会有不同的感知。礼貌可能会带来潜在的负面影响。比如，礼貌可能会疏远商家与消费者之间的心理距离，尤其是对于那些自认为与产品的关系比较亲近的消费者；礼貌可能会让消费者感知到更强烈的来自商家的说服意愿，那些对产品或服务表达不满、希望商家给出一个明确解释的消费者，这种感觉尤为明显。一般认为，年轻用户会更希望商家采用一种更直接、非正式、口语化的沟通方式。另外，我们也有理由认为，电子商务平台上的消费者会希望商家表现得更礼貌些；而在产品社区、社会网络等重视人际关系的平台上，表现得过于礼貌可能会适得其反。

总之，和消费者进行线上沟通，包括管理回复在内，是一件复杂的工作。商家需要知道线上沟通与线下沟通是存在显著差异的，不能将线下策略照搬到线上。其中一个重要的区别是，商家在社交媒体上发布的任何内容，比如对评论的回复，都是公开的、有存档的，可能被将来的消费者看到。商家必须牢记，虽然只是回复一条评论，看到这条评论和回复、受其影响的消费者可能成千上万。另外，商家需要根据回复的对象、内容及平台的不同，调整回复的方式和内容。

章末案例

王小卤的社交媒体营销

零食领域已经涌现出了诸多上市公司，如三只松鼠、良品铺子、盐津铺子、来伊份等；卤味赛道更是有绝味、周黑鸭等。在这样一个成熟的赛道中，王小卤以虎皮凤爪这个单品，让投资人看到"所有消费品仍值得再做一次"。

创立于 2016 年的王小卤品牌，前期主营鲜卤猪蹄业务，因其富含胶原蛋白，王小卤主打女性市场，尽管猪蹄业务一度红火，但仍以失败告终。2019 年 1 月，王小卤开始摸索转战预包装虎皮凤爪品类赛道，将产品聚焦在虎皮凤爪上。不同于猪蹄的个大肉厚，虎皮凤爪饱腹感弱，啃食过程还能产生愉悦感，尤其是先炸后卤的虎皮凤爪，"一嘬脱骨"的感觉很"上头"，是消费场景和复购频次双高的品类。同样是 C 店模式，凤爪的投放效果和复购率都大大优于猪蹄。2019 年初，直播电商刚刚起步，王小卤开始进行电商运营，入驻天猫后，在头部主播带货的影响下，王小卤虎皮凤爪的销售开始猛增。当年 4 月，王小卤已跻身天猫鸡肉零食类目 TOP 1。

在见识到虎皮凤爪"彪悍"的市场表现后，王小卤的品牌营销迅速跟进。2019 年 12 月，王小卤通过李佳琦直播间进入大众视野。凭借"一秒脱骨、满嘴卤香、个个起虎皮、好吃到舔手指"的产品特点，带货额从两三百万元节节攀升至 500 万元。借助直播带货等新内容传播方式，营销合一的王小卤开始释放出庞大的线上势能。除了线上直播外，王小卤还在 B 站、小红书、微博做了密集的流量投放，这些平台上聚集的大量年轻人正是王小卤的目标消费人群。王小卤有针对性地在抖音、小红书等平台投放了大量的信息流广告，并进行内容种草，通过中腰部KOL以短视频、直播、信息流广告等组合拳进行新品曝光，向用户近距离传达"王小卤虎皮凤爪非常好吃、销量不错"这一理念。例如，多位微博百万粉丝博主、B站美食UP主等均在2020年10月底对王小卤相关产品进行了推广，播放量超50万次，带动王小卤在"双十一"期间销量持续上升。

除了线上直播带货、社交媒体传播增加品牌声量之外，锁定休闲卤味零食赛道的王小卤，更是结合啃鸡爪时的"快乐"本质，进行了多样化的宣传，不断打造"有趣""快乐"的品牌灵魂。2021年初和年底，王小卤上线了《一次普通的起飞》《保罗快跑》《等我数到五》等一系列搞笑风格的广告片，没有太多产品介绍与自我吹嘘，而是以年轻人的网络思维，去打造一支支具有欢快氛围的凤爪广告。2022年1月，王小卤和国民游戏IP《和平精英》推出联名礼盒和营销片，辅以"大吉大利，今晚吃鸡"的口号，打破次元壁。2023年天猫年货节期间，王小卤再次踩着年轻人的节奏，把葫芦娃的老IP玩出了新特色，把年轻人的痒点、痛点、"新年点"都埋进了无限脑洞的视频当中，拍摄了画风无厘头、脑洞炸裂的《谁买谁是爷》《是兄弟就来买我》等创意视频，还推出了迎合年轻人追求好彩头的葫芦娃联名福禄抓财手礼盒。王小卤在春节期间以#谁买谁是爷#为主题展开覆盖分众传媒、微博热搜、抖音开屏、线下终端的整合营销，仅#谁买谁是爷#的微博话题阅读总量就达1.8亿次，创意视频微博单平台播放量超过5000万次。这一系列广告片在社交媒体上广泛传播，极大地拓展了王小卤在年轻人中的影响力，也让更多人记住了王小卤不断表达和传递快乐的品牌特色。

凭借着敏锐的观察，王小卤洞察到虎皮凤爪与追剧这一消费场景的天然适配性。王小卤通过专业调研机构益普索提供的调查数据发现，卤味零食领域的核心消费人群是17～35岁的女性，这一人群在整体消费人群中占比超过70%。克劳锐指数研究院《2022年年轻人生活消费观察》显示，追剧/追综艺占据了年轻消费者零食饮料使用场景的68.2%。因此，对于休闲零食类等快消品牌，大剧或综艺是值得品牌重点关注的场景。相较于综艺，追剧有着更强的持续性，且用户基础大、收看时间长，在大剧投放流量可以收获更高频的曝光度。从2022年开始，王小卤开始以#追剧就吃王小卤虎皮凤爪#为核心话题持续发力。由于不同类型剧集的关注人群不同，王小卤还针对核心消费者画像进行有侧重的选择与广告投放。"古偶仙侠"与"都市情感"类剧集是王小卤的投放重点，这类剧集的受众均以年轻女性为主，与王小卤的消费群体最为契合，对这类剧集进行投放有助于提升王小卤的复购率及用户黏性。"悬疑推理"及"成长励志"等剧目是王小卤投放的次重点，前者的观剧人群以 20 ～ 40 岁的青年为主，而后者老少皆宜，投放这类剧集有助于提升王小卤品牌的影响力。在确定了剧集类型后，王小卤会研判各个剧集的热度，通过剧目的各项数据，如主创团队过往的成绩、剧集演员配置、剧集播出初期的网络热度、剧情走向等，在有爆款潜质的剧集迎来后半段高潮或大结局前抢占主流广告位。2022 年，王小卤相继在《重生之门》《幸福到万家》《梦华录》等热播剧目中进行植入推广。在广告内容上，王小卤还会在广告中定制只属于这部剧的广告语，让品牌与观众之间形成对话感。如在《梦华录》中，王小卤的广告语"神仙姐姐们都爱吃的神仙凤爪王小卤，邀您继续观看《梦华录》"便拉近了王小卤品牌与"神仙姐姐"粉丝的距离。在《重生之门》中，王小卤又巧借了主演的出圈名句，喊出了："追剧吃零食就吃王小卤虎皮凤爪，谁不吃我都会很伤心的，OK？"这句广告语也引发了剧粉在弹幕区的热议。在投放广告的同时，王小卤在各社交平台也同步进行了推广，通过与演员及剧粉互动等形式，让品牌与观众玩在了一起，仅 #追剧就吃王小卤# 微博话题阅读量就达 4.1 亿次，讨论量超 17 万次。这些有趣又玩梗的内容，以及在广告中重复的"追剧就吃王小卤"的口号，让追剧这一固定场景与王小卤品牌关联起来，重复的传达也不断强化了观众对王小卤品牌的印象。报道显示，王小卤大剧投放广告累计为品牌带来的曝光量超过 18.26 亿次，新媒体推广及 PR（public relations，公共关系）传播带来的品牌曝光量超 3.9 亿次，《"追剧就吃王小卤"大剧营销》案例也获得 2022 年中国数字化营销金牛奖最佳创意奖。

如今，新消费市场竞争愈加激烈，品牌越来越多元化，许多昙花一现的新消费品牌正在消失。目前，王小卤已连续 3 年实现全国虎皮凤爪产品销售额第一。随着品牌影响力的增大，实现长期效益和可持续发展也成了企业成长与发展的重点。如何将 KOL 带货、多元化宣传、大剧营销等策略吸引的流量及用户进行沉淀，也是未来王小卤需要面对的问题。

（资料来源：根据网络相关资料整理）

● **本章小结**

本章主要学习了以下内容。

1. **社交媒体营销的定义**

社交媒体营销是利用社会媒体技术、渠道和软件来创造、沟通、交付和交换对客户有价值的产品的活动。

2. 社交化客户关系管理的内容

社交化客户关系管理的内容包括：确定市场目标、整合已有客户渠道和社交媒体、明确目标受众、挑选正确的平台、积极主动地参与，以及评价和监测。

3. KOL和KOC的含义

KOL是意见领袖的意思，是指能利用自己的专业知识帮助粉丝合理地做出决策的人。KOC是关键意见用户的意思，是指的那些根据自己对产品的实际使用体验提出自己的意见，能够吸引自己的好友、粉丝产生消费的用户。

4. 公域营销与私域营销的差异

两者的差异主要体现在竞争对手不同、留存率不同、操作方式不同和转化方法不同等方面。

5. 导致线上评分偏误的原因

导致线上评分偏误的原因有：报告偏误、评论者的动态性及同侪效应等。

6. 用户贡献UGC的原因

贡献UGC可以满足用户利他、自我提升、社会比较和社会认同的需求。

7. 厂商参与社交媒体营销的方式

厂商参与社交媒体营销的方式主要有：贡献商家生成内容及对线上评论做出管理回复。

● 关键词

社交媒体营销（social media marketing）

社交化客户关系管理（social customer relationship management）

意见领袖（key opinion leader）

关键意见用户（key opinion customer）

社交媒体整合（social media integration）

管理回复（managerial response）

● 复习题

1. 社交媒体营销的发展阶段有哪些？

2. 商家应该如何选择KOL和KOC、公域流量和私域流量？

3. 平台如何鼓励用户创造更多高质量的用户生成内容？

4. 社交媒体整合会对用户产生哪些影响？

5. 商家在回复线上消费者评论时，应该注意哪些方面？

第四章

社交媒体营销数据测量

【学习目标】

当阅读完本章时，你将能够：

1. 熟悉并理解数字化度量的价值和方法。

2. 比较传统电商数据测量与社交媒体数据测量的异同点。

3. 针对具体案例运用合适的测量指标进行度量。

4. 了解参与之梯的含义及相关测量指标。

⟳ 开篇案例

简爱酸奶营销案例

简爱，国内首家无添加（无添加指无食品添加剂）低温酸奶品牌，隶属于朴诚乳业（集团）有限公司。成立6年以来，简爱酸奶已构建起以无糖酸奶、益生菌酸奶、儿童酸奶为代表的多元化产品矩阵。2021年，简爱酸奶GMV已达30亿元，即使受疫情影响，整体酸奶市场出现下滑，简爱酸奶的销量依旧保持着稳定的增长，收入年增长率达到了48%，在精品超市、会员卖场、电商平台及新零售等渠道的低温酸奶品类中销量位居第一，已成为中国无添加剂低温酸奶第一品牌。当行业竞争异常激烈时，聚焦品类差异化、深耕线上线下营销渠道、整合线上线下度量指标、实现数据可视化，成就了简爱酸奶的成功之道。

在线下渠道的选择上，简爱酸奶没有走传统酸奶品牌爱走的家乐福、沃尔玛等主要KA（key account，重要客户）卖场路线，而是先尝试去"85后"人群常去的便利店、高端超市投放产品，如盒马鲜生、Ole'精品超市（华润万家旗下高端超市品牌）、绿标的永辉超市等，让消费者认可品牌、概念、口感等，再扩展至线上，覆盖更广的渠道。与此同时，简爱酸奶尝试探索城市合作模式，在不同城市建立合资销售公司。在线上销售渠道方面，简爱酸奶在2016年开始打造微信商业生态，在2018年下半年建立天猫店，同时在京东商城也铺设了销售渠道。

针对高速增长的销售态势，简爱酸奶除了布局线上线下全渠道，还整合了多维度的营销度量指标，实现销售数据可视化。①线上度量指标飞轮：在宏观把控上，简爱酸奶通过从市场份额、媒体效率、消费者洞察等维度，细化营销数据，针对性制定营销策略，持续打造增长飞轮。在具体度量上，简爱酸奶通过平台销售表现、电商品牌销量流向、渠道触达效率、渠道付费推广、转化漏斗、大促活动等维度，建立线上电商销售分析模型。②建立立体的线下渠道模型：在整体把控上，简爱酸奶从渠道链路管理、城市渗透分析等角度，建立线下销售的全局认知，最终建成立体的从总部到城市的分析模型。在具体度量上，简爱酸奶从订单管理、经销商管理、KA分销、售点门店等维度，实现核心业务标准化和数字化。

　　简爱酸奶的成功离不开它在社交媒体上的数字化营销，通过运用数字化度量指标分析目标用户需求，实现精准触达。

　　（资料来源：李政学．PC乳业之简爱酸奶市场营销策略的研究．郑州：河南财经政法大学，2023．）

第一节　数字化度量

一、数据的价值

　　大数据，通常被描述为一种具有"三重维度"，拥有海量数据且变化周期短、涵盖多种复杂信息的数据集。舍恩伯格和库耶克（2016）在《大数据时代》一书中提出，大数据具有4V特征：规模性（volume）、高速性（velocity）、多样性（variety）和价值性（value）。大数据的类型大致可分为3类。

　　一是传统企业数据（traditional enterprise data），包括CRM的消费者数据、传统的ERP（enterprise resource planning，企业资源计划）数据、库存数据及账目数据等。

　　二是机器和传感器数据（machine-generated/sensor data），包括呼叫记录（call detail records）、智能仪表、工业设备传感器、设备日志和交易数据等。

　　三是社交数据（social data），包括用户行为记录、反馈数据等。如Twitter、Facebook等社交媒体平台的数据。

　　随着互联网技术的高速发展，网民的数量呈指数上升趋势，社会网络进入了强调用户参与和体验的时代。在移动互联网时代，用户生成内容进一步发展，社会网络不断普及并深入人心，用户可以随时随地在网络上分享内容，由此产生了海量的用户数据。面对大数据时代的来临，复杂多变的社会网络其实有很多实用价值。据东南亚知名创投媒体Tech in Asia统计，微信每分钟有395833人登录、19444人进行视频或语

音聊天，新浪微博每分钟发出或转发 64814 篇微博，Facebook用户每天共享超 40 亿次，社会网络生成的用户数据的价值已远远大于平台本身。每一个社交媒体用户都会留下一串数据轨迹，相对于搜索、电商等大数据，社交用户行为数据传导路径更短，对于研究人类交互行为和挖掘商业价值具有重大意义。

21 世纪，在火爆的社交媒体的推波助澜之下，社交数据变得异常流行。例如，当我们从社交媒体中收集日志并使用数据时，能发现人类群体的统计行为，这些群体的聚集或是因为具有相似的动机或期望，或是因为朝着同一个目标而努力。借助这些服务数据，商家可以及时了解顾客对品牌、产品的看法，从中挖掘出的内容创建、传播、分享等操作可以帮助社交平台进行调整和预测，使管理和应用更有效。在业务应用中，社交数据还能帮助企业实现客户群体细分，为每个群体量身定制特别的服务，或者模拟现实环境，发掘新的需求，同时提高投资的回报率。

二、数据测量

数据需要进行收集、挖掘、分析，之后才能为企业带来真正的价值。特别是对于结构性数据来说，建立合适的度量标准才能进行有效的数据分析。数据测量战略是指摒弃模糊测量，使用量化指标，企业经理人就可以区分有效信息和无效信息，并做出相应的修改方案。Google（谷歌）之所以成长为搜索引擎领域的霸主，就是因为建立了一套数据度量标准——也就是Google的页面评级算法，这个算法让搜索结果尽可能地达到用户的预期。它通过分析某个页面被引用的次数，来判定其重要程度，这个标准与当时市面上其他搜索评级算法比较起来，可以说是一个分水岭，直接确立了Google搜索在业界的地位。

因此，数据测量对社交媒体营销或任何形式的营销而言都是必需的。同时，对于那些认真调整策略和战略以更好地实现目标的组织来说，测量是必要的。社交媒体和传统媒体一样，需要对那些希望看到资金价值所在的投资者负责，且投资社会化媒体营销需要理性。为了确定活动是否需要改善或者是否值得继续，策略专家需要了解无效和有效信息。具体来说，数据测量主要通过定义、评估、追踪和调整 4 个步骤来组织营销计划。

（一）定义

定义（define）项目拟要实现的结果。每一个成功的策略，都始于相应的目标，制定策略前首先需要明确通过社交媒体要实现的目的到底是什么，接着才能通过每一个不同的社交媒体渠道达到想要的目的。在设定目标时，公司应注意运用SMART原则。

（1）具体（specific）：瞄准一个具体领域进行改进。

（2）可衡量（measurable）：提出量化指标。

（3）可实现（achievable）：契合公司目标。

（4）实事求是（realistic）：实事求是地说明在现有资源条件下，能够取得哪些成果。

（5）设定时间表（time-related）：明确何时可以见到成果。

（二）评估

评估（assess）项目成本和结果的潜在价值。例如，公司想要通过营销活动来提升品牌认知度，围绕品牌吸引更多眼球，让更多的人认识品牌，则需要评估有没有用于支持内容发布的广告预算、有没有专门用于创造针对目标消费者的有说服力的资源，以及有没有进一步评估已有知名品牌的价值等。

（三）追踪

追踪（track）实际结果并将这些结果和项目联系起来。公司要追踪在社交媒体平台上执行的每项操作结果，例如，公司可以跟踪自己的链接在某个平台上获得的点击次数，或者测量社交媒体平台给公司官网带来的访问量。根据追踪记录的结果，公司可以分析营销项目成功或者失败的原因。

（四）调整

根据结果调整（adjust）项目以优化预期结果。根据数据记录的结果，公司应对社交媒体营销计划进行相应调整。社交媒体营销计划需要不断调整的原因如下。

（1）新平台不断涌现，公司可能希望将它们都纳入营销计划。

（2）随着公司为各个社交媒体平台设定的目标逐个实现，公司需要设定新的目标。

（3）需要应对随时可能出现的意外挑战。

（4）随着业务规模的扩大，公司可能需要针对不同产品或地区增设新账号，以提高公司的社交影响力。

事实上，社交媒体的每个方面都有相关的行业测量标准，对于不同的营销目标并没有一套完整的社交媒体测量机制，向管理团队说明社交媒体对公司影响的一个比较直观的方式是展示它如何与参与之梯（ladder of engagement，又称参与金字塔或参与漏斗）相结合。参与之梯是一个已经沿用了几个世纪的工具，它很好地说明了销售与收入之间的关系。在下一节我们将详细介绍参与之梯在社交媒体营销中发挥的作用。

第二节　参与之梯

参与是在品牌与目标消费者之间建立联系的关键因素。参与之梯是一种最为经典的营销策略设计结构。各企业会根据自身业务需要设计参与之梯的细节，比如在市场营销活动中，参与之梯主要被用作销售漏斗，从而实现将非消费者（也叫潜在消费者）逐渐转变成消费者。

公司为参与之梯的每一层都设定了营销目标，重要性和难度逐层增加，阶梯上的每一层都代表着消费者在进入下一层之前必须采取的行动。对于每个目标，公司需要采取一些测量方法来量化目标，并设计一些营销活动来吸引目标消费者从梯子的一层上升到更高一层，最终的目的是将新客户转变为具有高忠诚度的终身价值客户。从本质上讲，每个目标消费者都是从阶梯的底层开始他们的参与之旅。消费者们一步一步地爬上梯子，从最简单的行动开始，这些行动将帮助他们建立信任的基础，然后再被要求采取更困难的行动。当他们越来越多地与公司组织互动时，他们象征性地向上移动，直到他们到达顶端，这是他们完全参与的标志。

参与之梯的每一层设计根据公司自身的目标而定，一个广泛应用于数字营销、销售策略和公共关系活动的参与之梯是 AIDA 模型，如图 4-1 所示。

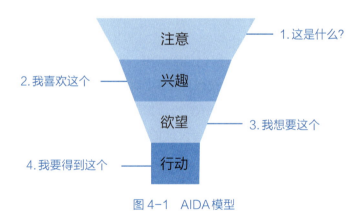

图 4-1　AIDA 模型

资料来源：知乎 AIDA 模型：什么是营销中的 AIDA 模型. [2023-09-19].https://zhuanlan.zhihu.com/p/446415053.

具体而言，AIDA 模型包含以下 4 个过程。

第一，注意（attention）。营销或广告的第一步是考虑如何吸引消费者的注意力。通常，许多营销人员忽略了注意力的部分。吸引消费者注意力的最佳方法之一就是所谓的"创造性颠覆"——通过极具创造性的信息打破现有的行为模式，本质上的目标是让消费者意识到产品或服务的存在。这可以通过多种方式完成：比如在意想不到的情境或地点投放广告，这通常被称为游击营销；或者发布一个针对性很强的信息，这通常也被称为个性化营销。

第二，兴趣（interest）。一旦消费者意识到产品或服务的存在，企业就必须努力提高潜在客户的兴趣水平。公司应当确保营销信息易于阅读，并配上有趣的副标题和插图。或者专注于提供与产品或服务最相关的内容，并仅向消费者传达最重要的信息。例如，迪士尼通过宣布将在巡演中表演的明星来提高人们对即将到来的巡演的兴趣。

第三，欲望（desire）。当消费者对产品或服务产生兴趣后，目标就是让消费者渴望它，将他们的心态从"我喜欢"转变为"我想要"。例如，如果观众们意识到即将来巡演的迪士尼明星与观众的沟通节目有多么精彩，观众可能更有观看的兴趣。

第四，行动（action）。最终目标是促使参与营销活动的消费者采取行动并购买产品或服务。一些广告活动应当以号召性用语结束，以便获得消费者的行动响应。例如，Netflix（奈飞）通过宣传他们的产品的方便性和使用价值，号召消费者注册免费试用。

参与之梯不仅在许多营销活动中得到成功应用，其对于社会的发展也有很大帮助。Grist是一家总部位于西雅图的非营利组织，主要使命在于向年轻读者群免费传播独立的环保内容，发布具有幽默感的环境新闻、报道等，目标受众为对当今环境和生态持续关注的年轻人。它不仅设计参与阶梯来指导其社交媒体的整合策略，而且在阶梯的每个层级上使用测量方法来确保他们达到预期目标。Grist的参与阶梯非常简单，直观地说明了他们的受众如何从被动的信息消费者转变为可持续生活的拥护者。这些关键措施包括：发布有趣的文章将访客吸引到网站页面；对访客帖子的评论进行调研、实时监控和内容分析，将人们从内容参与（阅读、评论）吸引到个人行为故事分析中来；最终引发人们进行政策层面的讨论或呼吁采取行动，进而对政府政策制定产生影响，促进可持续对话。

第三节　传统电商数据测量

随着我国互联网的逐步普及，网络购物用户规模逐年增长。根据中国互联网信息中心数据显示，我国网购用户规模自2016年起快速增长，截至2022年6月，我国网络购物用户规模达8.4亿人，网购使用率达80%。网购规模的扩大是电商平台产业发展的关键基础，"双十一"等电商促销活动也进一步激活了消费市场的活力，促进了消费市场的升级。2020年，直播电商在疫情、政策等多重因素的刺激下爆发式发展，头部平台持续向直播倾斜资源，直播带货几乎成为各大平台的标配。如今直播电商平

社交媒体与社会网络分析

台有 3 种类型：电商平台、短视频平台和社交平台，已从最初以内容建设与流量变现为目的起步尝试，发展至今天的产业链逐步完整化、多元化。同时，随着移动互联网时代的到来，尤其进入 5G 时代后，中国移动电商用户消费习惯逐渐形成，传统电商巨头纷纷布局移动电商，众多新型移动电商购物平台不断涌现。

随着电商平台的迅速发展，基于电商数据的一系列测量指标也相继出现并逐渐完善。电商数据指用来记录用户行为的数字信息，包括用户的注册、登录、流量、点击、消费、复购等一系列行为习惯的量化数据，以此来衡量消费者的参与程度。根据衡量的对象和目的可分为流量类指标、业务类指标、会员类指标和商品类指标。

一、流量类指标

流量类指标指的是根据消费者在浏览各类电商平台（如电商网页）后留下的浏览数据而计算出来的各类指标。这些指标包括访客数、浏览量、页面访问时长、人均访问页面数、跳失率等，他们主要体现了参与之梯各阶段应注意的因素，如图 4-2 所示。

图 4-2　流量类指标

（一）流量规模

1.页面浏览量（page view, PV）

页面浏览量或点击量，用户每次刷新一次即被计算一次。它是重复计算的，同一个页面被重复浏览也被计入PV。电商行业通常以此来表示店铺各页面被查看的次数。

2.独立访客数（unique visitor, UV）

独立访客数是指访问电商网站的不重复用户数。独立访客是指某站点被多少台电脑访问过，以用户电脑的cookie作为统计依据。电商行业通常以此来表示店铺的总访问人数。

（二）流量质量

1.页面访问时长（time on page, TP）

这是指单个页面被访问的时间。并不是页面访问时长越长越好，要视情况而定。

2.人均页面访问数（PV/UV）

这是指在统计周期内，平均每个访客所浏览的页面量，该指标反映了网站访问的黏性。

3.跳失率（bounce rate）

跳失率显示顾客通过相应入口进入，只访问了一个页面就离开的访问次数占该页面总访问次数的比例。跳失率实质是衡量被访问页面的一个重要因素，此前用户已经通过某种方式对页面形成事实上的访问，跳失的原因可能是因为搜索点击到的页面与预期不相符合，或是对页面内容、服务，甚至整体网站不满意。

二、业务类指标

业务类指标种类繁多，主要体现了电商平台在获取流量之后，业务线相关的指标。这些指标有关于从注意到兴趣的转化指标，如访客成本、广告转化率等；也有关于进一步向欲望和行动层面转化的指标，如订单指标和退货指标等。除去这些内部的业务指标外，还有一些外部竞争指标，如店铺排名，也可以进一步让商家测量自己的市场竞争力。如图4-3所示。

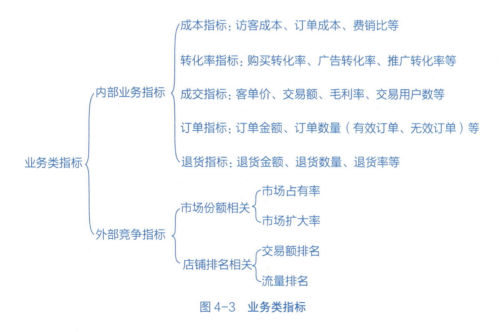

图4-3　业务类指标

（一）内部业务指标

1.成本指标

（1）访客获取成本（customer acquisition cost）：指在流量推广中，广告活动产生的投放费用与广告活动带来的独立访客数的比值。

（2）订单成本：指营销成本与获取的订单数的比值。

（3）费销比：指营销成本占订单金额的比例。

2.转化率指标

转化率（conversion rate）：指在一个统计周期内，完成转化行为的次数占推广信息总点击次数的比例。计算公式为

$$转化率 = 转化次数/点击量 \times 100\%$$

例如：10名用户看到某一搜索推广信息，其中5名用户点击了该推广信息并被跳转到目标URL（uniform resource locator，统一资源定位符）上，之后，其中两名用户有了后续转化的行为。那么，这条推广信息的转化率就是：$2 \div 5 \times 100\% = 40\%$。

电商核心转化率包括购买转化率、广告转化率、推广转化率、搜索转化率等，在不同的营销场景中（如广告、推广、搜索等），应用具体转化率计算利润的方法为

$$
\begin{aligned}
利润 &= 销售额 \times 净利润率 \\
&= 购买人数 \times 客单价 \times 净利润率 \\
&= 进店人数 \times 购买转化率 \times 客单价 \times 净利润率 \\
&= 广告展现 \times 广告转化率 \times 购买转化率 \times 客单价 \times 净利润率 \\
&= 推广展现 \times 推广转化率 \times 购买转化率 \times 客单价 \times 净利润率 \\
&= 搜索展现 \times 搜索转化率 \times 购买转化率 \times 客单价 \times 净利润率
\end{aligned}
$$

3.成交指标

（1）客单价（per customer transaction）：指每一个顾客平均购买商品的金额，即平均交易金额。计算公式为

$$客单价 = 销售额 \div 成交顾客数$$

（2）交易额：可按照GMV和GTV两种方式来计算。

①GMV：即商品交易总额，指一段时间内的成交总额。多用于电商行业，一般包含拍下未支付订单的金额。GMV不是实际的交易数据，但是可以作为参考，只要客户执行了购买行为，无论实际有没有购买，都算在GMV内。可以用来研究客户的购买意向，更具有实时性。京东、淘宝一般使用GMV。计算公式为

$$GMV = 销售额 + 取消订单金额 + 拒收订单金额 + 退货订单金额$$

②GTV（gross transaction value）：总交易额，通常指平台总的交易金额数。GTV没有扣除退货等一些收入的抵减项，是原价交易总价值。一般来说，中介类平台如美团、贝壳等，会使用GTV作为评价指标。

（3）毛利率：指销售毛利占销售收入的比例，是衡量电商企业盈利能力的指标。

（4）交易用户数：指一定统计周期内发生交易的用户数量。

4.订单/退货指标

订单/退货指标是基础类指标，包括一定统计周期内的订单金额、订单数量、有效订单、无效订单、退货金额、退货数量、退货率等。

（二）外部竞争指标

1.市场份额相关

（1）市场占有率：指电商网站交易额占同期所有同类型电商网站整体交易额的比重。

（2）市场扩大率：指购物网站占有率较上一个统计周期增长的百分比。

2.店铺排名相关

（1）交易额排名：指电商网站交易额在所有同类电商网站中的排名。

（2）流量排名：指电商网站独立访客数量在所有同类电商网站中的排名。

三、会员类指标

会员类指标与消费者的忠诚度相关，可以说是参与之梯中最为底层的参与测量方式。这些会员类的指标可以为商家提供最直接的消费者消费行为和忠诚度相关的测量，如图4-4所示。

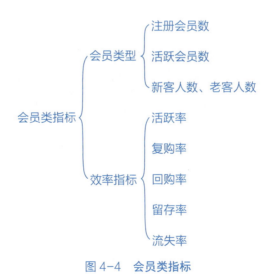

图4-4　会员类指标

（一）会员类型

1.注册会员数

这是指一定统计周期内的新注册会员数量。

2.活跃会员数

这是指在一定时期内有消费或登录行为的会员总数。活跃会员是相对于流失会员

的概念,指那些会时不时地光顾网站,并为网站带来一些价值的会员。流失会员是指那些曾经访问过网站或在网站注册过,但由于对网站渐渐失去兴趣后逐渐远离网站,进而彻底脱离网站的会员。活跃会员用于衡量网站的运营现状,而流失会员则用于分析网站是否存在被淘汰的风险,以及网站是否有能力留住新会员。

3.新客人数、老客人数

新客人数指统计时间内,首次下单的顾客数;老客人数指统计时间内,非首次下单的顾客数。

(二)效率指标

1.活跃率

即活跃会员数占注册会员总数的比例。

2.复购率

即在某个统计周期内产生两次及两次以上购买行为的人数占总购买人数的比例,比如有 10 个客户购买了产品,5 个客户产生了重复购买,则重复购买率为 50%。

3.回购率

即在某个统计周期内有购买行为且在下一个统计周期内仍有购买行为的人数占总购买人数的比例。

4.留存率

留存率是用于反映网站、互联网应用运营情况的统计指标,其具体含义为在统计周期(周或月)内,每日活跃用户数占第 N 日仍启动该App的用户数的比例的平均值。其中,N 通常取 2、4、8、15、31,分别对应次日留存率、三日留存率、周留存率、半月留存率和月留存率。留存率反映的是电商平台留住会员的能力,是电商核心指标之一。

5.流失率

指一段时间内没有消费的会员占总会员数的比例。

四、商品类指标

商品类指标主要分为商品指标和效率指标,如图 4-5 所示。

图 4-5　商品类指标

（一）产品指标

1. SKU

SKU即stock keeping unit，指最小存货单位，是物理上不可分割的最小存货单位。

2. SPU

SPU即standard product unit，指标准化商品单元，是商品信息聚合的最小单位，也是一组可复用、易检索的标准化信息的集合，该集合描述了一个产品的特性。通俗来说，属性值、特性相同的商品就可以称为一个SPU。

（二）效率指标

1.连带率

这是指销售商品的件数除以交易次数后得到的数值，计算公式为

$$连带率 = 销售件数 / 交易次数$$

反映的是顾客平均单次消费的产品件数。

对于追求多业态混合消费的购物中心来说，连带率是考察购物中心运营状况的核心指标，品牌组合固定时，要提升客单价就要看连带率是否能提高。混合业态连带率的计算公式为

$$连带率（混合业态） = 销售总数量 / 销售小票数量$$

一般来说连带率低于1.3说明连带消费存在严重问题。

2.动销率

动销率是店铺有销售的商品的品种数占本店经营商品总品种数的比例。计算公式为

$$动销率 = 商品累计销售SKU数量 / 商品库存SKU数量 \times 100\%$$

动销率直接影响商品的周转，一般来说，动销率越高，其商品周转率会越快，但这并不是绝对的。

3.库存周转率/周转天数

这是企业一定时期营业成本（销货成本）与平均存货余额的比率，用于反映存货的周转速度，用时间表示的存货周转率就是存货周转天数。计算方式有以下两种。

一是以成本为基础的存货周转率，即一定时期内企业销货成本与存货平均余额的比率，它反映企业流动资产的流动性，主要用于流动性分析。其计算公式为

$$成本基础的存货周转率 = 销售成本或营业成本 / 存货平均余额$$

二是以收入为基础的存货周转率，即一定时期内企业营业收入与存货平均余额的比率，主要用于获利能力分析。其计算公式为

$$收入基础的存货周转率 = 营业收入 / 存货平均余额$$

第四节　社交媒体参与及其数据测量

一、基于参与之梯的数据测量

在第二节中介绍的参与阶梯是一项被广泛采用的营销策略设计结构，揭示了与典型的客户购买流程三阶段（知晓、参与、行动）相关的关键指标。除此之外，社交媒体营销的参与之梯还从社交媒体的角度关注了企业的品牌健康度与创新性，如图 4-6 所示。

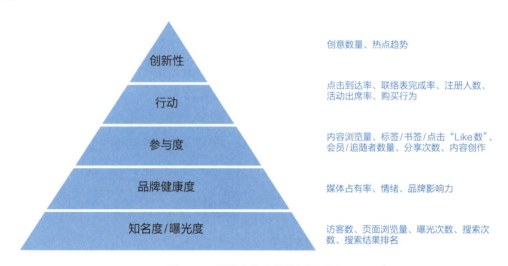

图 4-6　基于参与之梯的测量对象

（一）知晓度/曝光度

1. 品牌知名度

衡量知名度的最准确方法是对公司目标市场的代表性样本进行调查研究。而由于调查的回复率很低，这种方法非常昂贵且难以完成。因此，组织使用许多其他指标进行度量。

2. 访客数

这是在排除重复统计的前提下确定的访问者数量，即在特定时间段内访问网站、应用程序、视频或其他社交媒体内容的访问者数量。比如 YouTube 上每个视频的观看人数都会展现在视频下方。

3. 页面浏览量

这是指在社交媒体网站上查看的页面数。例如，一个访问者可以在一个博客站点上查看许多不同的博文。显然，用户查看的页面越多，阅读网页的时间越长，就越了解该品牌。

4.曝光次数

该指标与广告在用户屏幕上的载入次数有关。此指标是CPM（cost per mille，每千人浏览成本）定价模式的基础。

5.搜索次数

该指标衡量的是用户在搜索引擎中搜索品牌、公司或由组织预先设定的关键词的次数。

6.搜索结果排名评估

这是指在搜索关键词时，公司的社交媒体内容出现在搜索结果中的位置。例如，在理想状态下，用户键入公司、品牌或高管的名字，链接将出现在搜索结果的前十位或第一页中。

（二）品牌健康度

在这一层级，企业希望衡量传播沟通对消费者的影响和效果。品牌健康度是指与消费者对话的数量，以及其中正面或负面评论的占比。它还用于度量品牌对消费者的重要性，以及这种重要性能否转化为购买行为。这个领域的度量指标包括以下几种。

1.媒体占有率

媒体占有率（share of voice，SOV）是指一个品牌与竞争对手各自在特定媒体中占有对话的比例。在线下，SOV衡量某企业广告在传播媒体中占该类商品广告的比例。但在社交媒体中，通常只能通过对话来衡量。一个量化的例子是，如果你的公司"2013年出现在媒体中20次，你的公司和竞争对手共出现150次，那么你的媒体占有率为13.3%

2.情绪

这是指涉及品牌的对话中正面、负面或中立评论各自所占的比例。

3.品牌影响力

包括社交媒体的导入链接数量、社交媒体转发数、帖子评论数，以及内容共享或链接数。

（三）参与度

在这一层级，客户与品牌真正发生互动，对相应的营销活动和内容做出响应，具体指标包括以下几种。

1.内容浏览量

这是指阅读内容的用户数量，如阅读博客（页面浏览量）、观看视频或收听播客，以及下载白皮书的次数等。

2.点赞量

可计算的贴标签、书签或点击 Facebook 中"Like"的次数。

3.会员/追随者数量统计

如 Facebook 订阅者的数量，LinkedIn、Meetup.com 的社区成员数，或 Twitter 上的关注人数等。

4.分享次数

这是指内容分享次数，或者与他人共享内容的次数。

5.访问数量/时长

这是指在虚拟世界中访问公司网站的用户数量、逗留时长，以及他们参与不同形式的互动的程度。

（四）行动

虽然参与度显示了用户采取的行动，但在本层级中将讨论更高级别的行动。该阶段企业重点关注那些与品牌产生互动并表现出购买意愿的潜在消费者。具体指标如下。

1.企业网站的点击到达率

这里指点击企业网站的社交媒体用户数占所有点击用户数的比例。

2.注册人数

客户的注册行为表明允许公司将其添加到公司的消费者数据库中，以获得后续的客户服务。

3.活动出席率

实际参与人数占总人数的比例。

4.购买行为

这是社交商务的终极目标。值得注意的是，许多因素都会影响购买行为，如产品质量、价格和实用性等。然而，社交媒体传播（特别是基于折扣的促销）可以在激励购买的过程中发挥重要的作用。

（五）创新性

尽管创新性度量指标可能与前文提到的指标雷同，但是我们仍将创新性分离出来单独评价，因为创新体现了高水平的品牌参与能力，有助于建立品牌忠诚度，是社交媒体营销的重点。度量指标包括以下两个方面。

1.创意数量

指公司社交媒体网站共享的创意数量。

2.热门搜索关键字、用户搜索趋势

有助于公司了解目标市场的热点趋势测定等。

二、基于用户等级的数据测量

用户参与行为包括内容的创建（如发布内容）和内容的消费（如评论他人的内容）。用户在线参与的程度各有不同。值得注意的一点是：公司必须真正了解它的社交商务目标和顾客参与程度，这样才能充分利用社交媒体与消费者进行正面的讨论和协作。比如，Google 开发的 Google Analytics 度量面板可以显示页面的访问人数、浏览量等数据，将用户参与程度可视化，深入分析用户参与行为。我们在这里可以将用户参与程度分为以下几个等级。

（一）消费级

参与水平最低的互联网用户仅仅阅读网上内容，他们在网站和论坛中阅读博文、观看视频、浏览照片和收听播客，阅读其他参与程度更高的人发表的评论和观点。测量维度如下。

1.访问量

一段时间内用户访问网站的次数。

2.独立访客

访问网站的不重复用户数。

3.浏览量

网站页面被用户查看的次数。

4.自然访客

通过无付费渠道访问的用户数。

5.付费访客

通过广告等付费渠道访问的用户数。

6.点击率

即访客点击该网站的次数占网站显示次数的比例。

7.跳失率

在只访问了入口页面（如网站首页）就离开的访问量占所产生总访问量的比例。

（二）连接级

在消费级之上是连接级，用户通过在社会网络上创建个人档案来和其他人连接。比如 Facebook 的"加好友"或者登录需要注册才能浏览内容的网站。但是，这类消费者不发任何帖子。连接是一种允许人们谨慎地参与的低风险方式。另一种参与的方式

是线上或线下的社交聚会，而人们通常使用某个网站协调聚会事宜。测量维度有登录人数、注册人数等。

（三）收集级

收集信息级别的消费者在社交媒体网站上通过内容过滤，将有价值的部分标记出来。比如分享"美味"这一标签，给照片贴标签，或给其他人发布的内容点赞。收集者也可能在博客网站上订阅RSS，这样他们就可以阅读自己感兴趣的内容。最后，收集者还通过在线民意调查中的投票来体现自己的偏好。测量维度有：点赞、喜欢、转发量、扩散深度等。

（四）创造级

创作者上传原创文章或多媒体内容就是创造级参与。比如创作YouTube中的视频、Pinterest上的拼板、iTunes中的音乐或播客。这种参与行为包含内容创作，比单纯给他人的创作投票高了一个等级。这些消费者撰写产品评论、评级，维护自己的博客或主页，评论他人的博客，为维基网站贡献智慧。通常情况下，他们为社交媒体内容增添了许多分量。测量维度有：评论人数、评论数量、评论互动率等。

（五）协同级

大多数参与程度最高的消费者愿意与企业协作改进产品。例如，用户可以在戴尔的IdeaStorm网站（www.ideastorm.com）提问、反馈产品问题及其他意见，也可以根据"关心程度"的标准对所有帖子投票排序。戴尔根据排序状态对每一个想法做出回应。Twitter所有的标签、关键词和推文标题都是由用户创造的。这种类型的协作可以帮助企业和博主改进产品。

三、商家/平台参与数据测量

正如在第二章中已经提到的，除了用户参与外，商家或者平台也能在社交媒体上参与内容创建，即商家生成内容。商家参与测量的指标与用户参与相似，包括涉入度及价值指标。

（一）商家涉入度

1.商家发帖相关指标

商家涉入度主要有以下衡量指标：商家发表帖子的数量、效价、平均长度、类型（如Flash、视频、照片和音乐）。

2.商家反馈相关指标

商家对客户消极、积极、中立帖子和评论的回复总数、及时性，以及客户帖子和公司评论之间的平均时间间隔（小时）。

3.相对涉入度

商家发表的帖子总数占与主题相关的所有消费者发布的帖子总数的比例。

（二）价值指标

1.社交媒体价值指数（social media value index ,SMVI）

计算公式为

$$SMVI = [adh\ (aay/1000)] / (ahd \times ehw)$$

其中：

adh 为平均每日点击量（average daily hits）；

aay 为平均广告收益（average advertising yield）；

ahd 为平均每天花费小时数（average number of hours spent per day）；

ehw 为员工时薪（employee hourly wage）。

如果 SMVI＞1，则社交媒体平台能盈利；否则会产生亏损。

2.粉丝平均价值（costs per fans）

计算公式为

$$粉丝平均价值＝社交网站运营的总成本/粉丝总数$$

⊙ 章末案例

天猫SUPER模型

2021 年，天猫发布《天猫企业经营方法论》白皮书，首次引入产品全生命周期精细化运营SUPER模型，使之兼具消费者需求与商品供应链两大维度，助力商家实现更精准的人货匹配、更好的消费者触达，以及更丰富的差异化供给。具体指标如图 4-7 所示。

Star product
优 | 优质货品的数量占比：单位时间内优质货品的数量占所有货品数量的比例，以评估现有货品组合的竞争力。
Utmost conversion
高 | 货品购买转化率：浏览商品详情页的消费者产生购买支付行为占所有浏览商品详情页的人数的比例，以衡量货品的销售转化能力。
Product novelty
新 | 新品贡献率：新品成交金额占所有商品成交金额的比例，以体现新品孵化和引爆的效果。
Exact stock
准 | 货品售罄率：单位时间内商品销售件数占同期备货量及补货量的比例，以确保备货量与消费者需求量相匹配。
Rapid fulfillment
快 | 履约时效：商品订单从支付到签收的平均时长的倒数，以表现货品履约的时效性。

图 4-7　天猫SUPER指标体系

结合SUPER指标体系的行业表现趋势和数据分析结果，天猫总结出SUPER模型的实际业务价值如下。

第一，指标"优"（S）和优品对GMV的贡献占比呈正相关，表明品牌商可以通过提高优质货品的数量来促进GMV的增长。

第二，指标"高"（U）和GMV呈正相关，表明品牌商可以通过提高货品的购买转化率来直接促进GMV的增长。

第三，指标"新"（P）和新客数量占比呈正相关，表明品牌商可以通过提升新品数量和销售表现来拉动新客增长，以扩大品牌的客群基数。

第四，指标"准"（E）和GMV呈正相关，表明品牌商可以通过提升备货精准度来减少缺货造成的销售机会流失和冗余库存对资金的占用，从而促进GMV的增长。

第五，指标"快"（R）和卖家评分呈正相关，表明品牌商可以通过缩短从支付到签收的时长，提升卖家物流评分和整体的店铺评分。

（资料来源：根据网络相关资料整理）

● 本章小结

本章主要学习了以下内容。

1. 数据的价值及数据测量

大数据具有4V特征：规模性、高速性、多样性和价值性。数据测量主要通过4个步骤来组织营销计划：定义——定义项目拟要实现的结果；评估——评估项目成本和结果的潜在价值；追踪——追踪实际结果并将这些结果和项目联系起来；调整——根据结果调整项目以优化预期结果。

2. 参与之梯及其数据测量指标

参与之梯（又称参与金字塔或参与漏斗）是营销策略的设计结构，公司为参与之梯的每一层级设定了营销目标，随着重要性和难度逐层增加，最终的目标是将新客户转变为具有高忠诚度的终身价值客户。基于参与之梯的数据测量揭示了与典型的客户购买流程三阶段（知晓、参与、行动）相关的关键指标，还包括企业关注的品牌健康度与创新性。

3. 传统电商数据测量指标

随着电商平台的迅速发展，基于电商数据的一系列测量指标也相继出现并逐渐完善。电商数据指用来记录用户行为的数字信息，包括用户的注册、登录、流量、点击、消费、复购等一系列行为习惯的量化数据，根据衡量的对象和目的可分为流量类指标、业务类指标、会员类指标和商品类指标。

4. 社交媒体参与及其数据测量

社交媒体参与包括用户参与及商家或平台参与。用户参与行为可以包括内容的创建（如发布内容）和内容的消费（如评论他人的内容），针对不同的参与等级（消费级、连接级、收集级、创造级、协同级）有不同的数据测量指标。除了用户参与外，商家或者平台也能在社交媒体上参与内容创建，商家参与数据测量的指标与用户参与数据测量的指标相似，包括涉入度及价值衡量指标。

● 关键词

社交数据（social data） 客单价（per customer transaction）

参与之梯（ladder of engagement） 点击率（click-through rate，CTR）

页面浏览量（page views） 转化率（conversion rate）

独立访客数（unique visitor） 社交媒体价值指数（social media value index，SMVI）

跳失率（bounce rate）

● 复习题

1. 数据有哪些价值？

2. 采用数据测量组织营销计划的步骤是什么？

3. 什么是参与之梯？每一层有哪些测量指标？

4. 传统电商数据测量指标有哪些类别？

5. 传统电商数据测量与社交媒体数据测量有哪些异同点？

6. 结合一个具体的企业营销案例，列举出其中使用的数据测量指标。

第五章

社会网络基本概念和测度

【学习目标】

当阅读完本章时，你将能够：

1. 描述社会网络中的网络结构分类。

2. 解释社会网络的基本概念。

3. 了解社会网络中的分类算法。

⟳ 开篇案例

小世界理论

小世界理论，又叫六度分隔理论，于 1967 年由美国社会心理学家斯坦利·米尔格兰（以下简称米尔格兰）创立，其内容为：你和任意一位陌生人产生关系所间隔的人数不会多于 5 位，也就是说，最多透过 5 个人你就可以了解任意一位陌生人。按照这一理论，你与这个世界上的任何一个人的关系都只相隔了 5 人，不管对方身在什么国家、属于哪个种族、是什么肤色。

米尔格兰首先在他的"小世界网络"实验中，使用社会网络分析技术来估算全美民众中两个互不相识的人产生关系的平均最短路径。他首先请每一名居住在内布拉斯加州、经过随机挑选的参加者，传递一份包裹给一名在邦克山社区学院的人，需要把包裹转发给他直接认识的人中最有可能接触到接收者的人。每个收到包裹的人都会在转发前将他自己的姓名填写在包裹上，所以在这一过程中收到包裹的人的数量都能够被跟踪和记录。尽管有几个包裹丢失了，但最后抵达目的地的包裹显示平均只需转发 5 个人就能抵达最终接收者！

这便是"六度分隔"理论，在社交媒体中也常被叫作"最短路径"，它是很多复杂的网络应用中必要的特征之一。大体而言，只要假设平均最短路径长度和网络系统中所有节点数量的对数成正比，则该网络系统将会具有平均最短路径。一个平均最短路径长度相对较小的社会网络对于消息传递来说是非常高效的，因为这能够使消息在传递时只经由相对较少的节点，而不必经过网络系统中的所有节点。

[资料来源：TRAVERS J, MILGRAM S. An experimental study of the small world problem. Sociometry, 1969, 12(32): 425−443.]

第一节　社会网络基本概念

一、社交媒体中的社会网络关系

随着信息技术和互联网技术的发展，基于"熟人的熟人"的社交拓展理论而出现的大型社交网站（如Facebook、LinkedIn、微信等）得到了快速的发展。六度分隔理论在社交媒体中是否依然准确这一问题也引起了新的讨论。事实上，在社会网络平台上，小世界现象得到了很好的验证。

社会关系网络，是由社会关系所组成的基本结构。社会网络分析方法是社会学家通过图论和数学模型等方式，对社区群组中人和人之间互动关系的定量研究。随着社交媒体的发展，社会关系网一直存在且不断演化。无论六度分隔理论是否会变成四度分隔理论或五度分隔理论，可以肯定的是，这一理论将我们的社会关系阐释为一个网状结构，每个人作为网状结构中的节点都与其他节点存在着普遍的联系与连接；同时，这一理论也强调社会网络中强弱关系的巨大作用。

近年来，随着大型社会网络的不断发展，基于社交媒体的社会网络分析方法得到了广泛的应用。例如，中心度分析和结构洞分析常用来识别社会网络中具有较高社会影响力的用户。入度、出度、中介中心度、接近中心度等指标用来衡量节点在网络中的重要程度，已被应用在政务微博的影响力评价上。对互联网中意见领袖的鉴别也一直是社交媒体领域的研究热点，社会网络分析方法也可以用来鉴别互联网中的意见领袖。对网络上博客社区的调查表明，居于中心度位和结构洞位的用户往往和互联网中的意见领袖高度重叠。社会网络分析方法目前在网络谣言、负向口碑传播方面的研究上有较大的应用潜力。在网络谣言的传播上，网络结构分析、关键节点挖掘、子群分析等社会网络分析方法可用来分析谣言传播的各项特征，为减少谣言和恐慌情绪的传播提供参考。在负向口碑管理上，社会网络分析方法不仅有助于识别负向口碑传播中的关键用户，还可以从社会网络位置、网络互动等角度为舆论的负向偏差进行引导。

二、社会网络的构成

社会网络是由多个节点组成的一个小社会结构。节点一般指个人或团体，而社会网络结构则象征着节点之间的关系。社会网络的相关研究在进入互联网时代之前就已成为社会学与人类学的重点研究领域。

社会网络理论研究发端于 20 世纪 30 年代，完善于 20 世纪 70 年代，是一个崭新的社会学研究模式。从 20 世纪 30 年代到 60 年代，社会网络结构的概念在心理学、社会学、人类学等不同的研究领域进一步深入发展，建立起了一整套系统的研究理论、方法和技术手段，逐渐形成了一个规范的社会网络结构科学研究范式。

社会网络理论最初是由英格兰知名统计学家阿尔弗雷德·拉德克列夫－布朗（以下简称布朗）从对社区的研究中提取来的。布朗的研究主要关注社会网络是怎样影响有界人群（如部落、乡村等）内成员之间的社会活动的。他的研究方法比较简单，但具体的社交活动却要复杂得多。最完善的社会网络结构（social network structure）的定义是由巴里·威尔曼在 1988 年提出的：社会网络结构是由若干单位间的关系组成的相对稳定的网络结构，即把"网络结构"看成是连接行为体（actor）的一组社会联系（social ties）或社会关系（social relations），它们以相对稳定的方式组成社会结构（social structure）。由于研究领域的进一步扩展，社会网络结构的定义已超出了人际交往的范围，网络结构的行为者既可能是自身，也可能是整个社区集合体，包括国家、单位或社区。不同的网络成员占有着不同的稀缺性资源，关系的总量、方位、密度、能力及行动者在网络结构中的地位等各种因素，都影响着网络资源流转的形式与效果。

社会网络分析学现已发展为一个涉及数学、信息学、社会学、管理学及心理学等研究领域的综合交叉学科。互联网的普及，特别是社交网站的流行，使线上社会网络分析变得火爆。在线社会网络具有信息传播迅速的优点，在网络出现的短短几十年里就已赢得了几十亿用户，并在现实社会的各个层面产生了深远的影响。比如直播带货这种新兴的电商模式，也是在社会网络上快速发酵的，这种线上影响线下的态势在当下及将来也会愈发突出。社交网站在给社会与经济发展带来诸多积极影响的同时，也产生了许多消极的影响。从 Facebook 和 YouTube 上的大量暴力恐吓信息，到微博微信上的大量谣言和假新闻，都利用了社会网络的特点快速地传播，这往往会产生不可控的结果。

社会网络可以帮助人们创造效益，减少损失，因而形成了社会网络分析这门学问。接下来，我们将深入社会网络，从基本概念开始，接触、了解社会网络，并探讨如何利用社会网络在现实中进行价值导向的分析。

三、社会网络的基本概念

要了解社会网络的构成，我们先要对社会网络所形成的图（graph）有一个初步的认知（见图 5-1）。图的基本概念是：图是由节点的有穷非空集合和节点之间边的集合体构成的。一般表达为 $G(V, E)$，其中 G 可以表达为一组图形，V 是图 G 中节点的集合体，E 是图 G 中边的集合体。

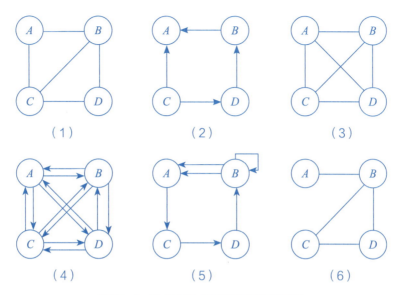

（1）　　　　　（2）　　　　　（3）

（4）　　　　　（5）　　　　　（6）

图 5-1　社会网络中图的基本概念示意

（一）边的属性

1.无向边

若两个节点之间的边没有方向，则称这条边为无向边。

2.有向边

若两个节点之间的边有方向，则称这条边为有向边。

3.自环

两端连接着同一端点的边被称为自环。

4.平行边

在无向图中，如果关联一对顶点的无向边多于一条，则称这些边为平行边，平行边的条数被称为重数。在有向图中，如果关联一对顶点的有向边多于一条，且方向也是相同的（即有相同的起点和终点），则称这些边为平行边。

（二）图的属性

1.无向图

如果图中任意两个节点之间的边都是无向边，则称该图为无向图，如图 5-1（1）所示。

2.有向图

如果图中任意两个节点之间的边都是有向边，则称该图为有向图，如图 5-1（2）所示。

3.无向完全图

在无向图中，如果任意两个节点之间都存在边，则称该图为无向完全图，如图 5-1（3）所示。

4.有向完全图

在有向图中，如果任意两个节点之间都存在方向相反的两条边，则称该图为有向完全图，如图 5-1（4）所示。

5.简单图

没有自环也没有平行边的图。

6.多重图

有自环或平行边，或两者都有的图，如图 5-1（5）所示。

7.图的规模

图的规模（size）指图中边的条数，有时也用边的条数加节点的个数来代表。

8.密度

密度（density）指已经连接的节点对占所有可能被连接的节点对的比例。

对于一个有 n 个节点的有向图，理论上最多可能产生的边的条数为 $n \times (n-1)$。对于一个有 n 个节点的无向图，理论上最多可能产生的边的条数为 $n \times (n-1)/2$。

（三）节点的属性

节点的度（degree）是指在图中与该节点相关联的边的条数。

对于有向图来说，有入度和出度之分，有向图某节点的度等于该节点的入度和出度之和。

1.入度

对某节点来说，指向该节点的边的数目被称为该节点的入度。

2.出度

对某节点来说，从该节点指向其他节点的边的数目被称为该节点的出度。

3.邻接

若图中的两个节点 V_1 和 V_2 存在一条边 (V_1, V_2)，则称节点 V_1 和 V_2 邻接，这两个节点为邻居。

4.连通

若从 V_i 到 V_j 有路径可通，则称节点 V_i 和节点 V_j 连通（connected）。在有向图中，该路径中所有边必须同向。

5.连通图

任意两点间都有路径的图叫连通图（connected graph）。

（四）路径

在无向图中，若从节点 V_i 出发有一组或多组边可到达节点 V_j，则称节点 V_i 到节点 V_j 的节点序列为从节点 V_i 到节点 V_j 的路径（path）。

1.简单路径

路径上各节点均不重复的路径。

2.路径长度

路径中所经过的边的数量。

3.距离

两个节点间所有路径的长度的最小值。

4.图的直径

任意两个节点间距离的最大值，即任意两节点间最短路径的最大值。

在图5-1（6）中，节点 A 与节点 D 之间的路径有两条，A—B—D 和 A—B—C—D。那么我们可以知道，若设此图中每条边的长度均为1，则节点 A 与 D 之间的距离为2。遍历所有节点之间的距离后，我们可以知道，该无向图的直径为2（任意两个节点之间最短距离的最大值为2）。

（五）权

有些图的边具有与它相关的数字，这种与图的边相关的数叫作权（weight）。在图 5-2 中，不同节点代表我们国家不同的城市，这些城市之间的边所被赋予的权代表了城市之间的距离（千米），图 5-2 就是一张赋权图（weighted graph）。

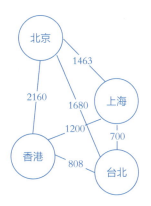

图 5-2　赋权图示意

（六）自我中心网络

自我中心网络（egocentric network）是指一个节点 V_i 和它所关联的节点所构成的网络结构图，如图 5-3 所示。

1.1 度

节点 V_i 和它的相邻节点。在有向图中，以 V_i 为边的起始点所指向的相邻节点才属于 V_i 的1度自我中心网络。

2.1.5 度

节点 V_i 的相邻节点之间有关联（例如你的朋友相互认识）。

3.2 度

节点 V_i 的相邻节点的节点。例如朋友的朋友，这些节点可能不与自我节点相连。

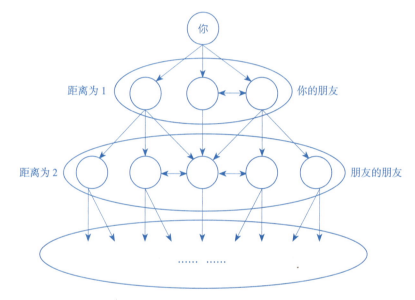

图 5-3　自我中心网络示意

当并不是专门研究网络系统中的整体，而是侧重于研究每一个节点的特性时，就会用到自我中心网络。自我中心网络是整体网络结构的一种形式，即对给定的所有节点，根据一定广度的查找遍历所搜索出的整体网络结构。

以社交网站为例，针对一个人 A 来说，把此人和其好友都看成是节点，只考察这个人与他的好友，还有他好友间的连边，就能够得出一种以 A 为中心的网络结构，即自我中心网络。

所有节点的自我中心网络合并起来，就可以组成真实的社会网络了，如图 5-4 所示。

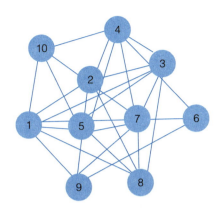

图 5-4　真实社会网络示意

以节点 9 为中心的 1.5 度自我中心网络如图 5-5 所示。

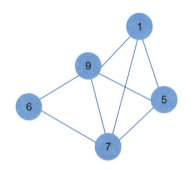

图 5-5　节点 1 的自我中心网络

🔍 案例 5-1：社会网络结构对选举结果的影响

人们在做决定时必须整合不同的信息来源，但信息并不总是自由流动的，它可能受到社会网络的限制，也可能被狂热者和自动化机器人所扭曲。研究者分析了因社会网络结构变化、狂热分子操纵信息而影响投票结果的现象，并把这一现象称为信息重划选区（information gerrymandering）的理论。

这篇《信息不公正与不民主的决定》的文章于 2019 年 9 月登上了《自然》（Nature）杂志的封面。研究者提出了"信息重划选区"的假设，捕捉到社会网络结构对个体判断的影响，通过实验方法证实了可以通过影响社会网络结构来大幅影响选举结果。

研究者开发了一个投票游戏作为一个模型系统来研究集体决策中的信息流。玩家被分配到不同的竞争小组（团体），并被置于一个"影响网络"中，该网络决定每个玩家可以观察到的某人的投票意图。玩家会被激励根据党派利益投票，同时也会与整个团队协调如何投票。游戏结束时，如果被试指定政党的最终投票份

额超过了多数阈值——$V = 60\%$，那么玩家将获得最高回报——$B = 2$ 美元；如果对方的投票份额超过 V，他们将获得较低的回报——$b = 0.5$ 美元；如果双方都未能达到门槛 V，所有人都将得不到回报，这被称为"僵局"。僵局的可能性迫使参与者在决策时既要考虑自己的个人偏好，也要考虑他人的投票意图，实现个人价值的最大化（见图 5-6）。

$B = 2$	$b = 0.5$	浅色赢
0	0	僵局
$b = 0.5$	$B = 2$	深色赢
浅色有回报	深色有回报	

图 5-6　投票游戏中的策略与回报

同时，玩家在投票时，也会看到其他用户的信息。不过他们所看到的并不是全局信息，而是在一个有向的社会网络中所看到的局部信息。由此，社会网络会影响玩家的投票选择。基于实验结果，作者做出以下结论：第一，网络的结构对选举结果的影响相当大；第二，具有正面影响力优势的一方将从信息重划选区中获益。

对选民游戏的研究表明，重划选区在现实网络中非常容易实现，并且人们对于网络上的信息重划选区的集体决策的影响很大，这种现象普遍存在于政治话语和立法进程的现实世界网络中，但在社交媒体中也有涉及：比如一个人在社会网络结构中所处的位置可以影响他的各种行为，比如购物产品选择、是否患有烟瘾、工作选择、择偶标准、投票决策、犯罪等。一个人在社会网络中的位置也会影响他所接收的信息，或者说影响他更容易吸收的信息。

[资料来源：STEWART A J, MOSLEH M, DIAKONOVA M, et al. Information gerrymandering and undemocratic decisions. Nature, 2019, 573(7772): 117−121.]

第二节　社会网络中的相似度与距离

一、社会网络中的相似度

（一）余弦相似度

余弦相似度（cosine similarity）通过测量两个向量夹角的余弦值来度量它们之间的相似性。它利用几何中夹角的余弦来衡量两个向量方向的差异。在二维空间中，向

量 (x_1, y_1) 与向量 (x_2, y_2) 的夹角余弦公式为

$$\cos \theta = \frac{x_1 x_2 + y_1 y_2}{\sqrt{x_1^2 + y_1^2} \sqrt{x_2^2 + y_2^2}} \tag{5-1}$$

类似地，对于两个 n 维样本点 $a(x_{11}, x_{12}, \cdots, x_{1n})$ 和 $b(x_{21}, x_{22}, \cdots, x_{2n})$，可以使用类似于夹角余弦的概念来衡量它们间的相似程度。即

$$\cos \theta = \frac{\sum\limits_{k=1}^{n} x_{1k} x_{2k}}{\sqrt{\sum\limits_{k=1}^{n} x_{1k}^2} \sqrt{\sum\limits_{k=1}^{n} x_{2k}^2}} \tag{5-2}$$

夹角余弦取值范围为 [-1，1]。夹角余弦值越大，表示两个向量的夹角越小；夹角余弦值越小，表示两向量的夹角越大。当两个向量的方向重合时，夹角余弦值取最大值 1；当两个向量的方向完全相反时，夹角余弦值取最小值 -1。

（二）杰卡德相似度

两个集合 A 和 B 的交集元素的个数在 A、B 的并集中所占的比例，称为这两个集合的杰卡德相似度（Jaccard similarity）或杰卡德系数（Jaccard index），用符号 $J(A, B)$ 表示。杰卡德相似度是衡量两个有限样本集之间相似性的一种指标。杰卡德相似度的计算方法为

$$J(A, B) = \frac{|A \cap B|}{|A \cup B|} \tag{5-3}$$

杰卡德相似度在考虑两个集合的元素时，只比较"是否相同"，而忽略了具体数值和差异的大小。因此，杰卡德相似度只关心个体之间的特征是否一致。

二、距离的度量方式

（一）欧几里得距离

欧几里得距离（Euclidean distance）也称欧氏距离，可以理解为连接两点的线段的总长度。欧氏距离的计算方法也非常简单，可根据勾股定理和这些节点的笛卡尔坐标系求距，如图 5-7 所示。

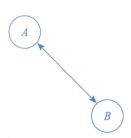

图 5-7 欧几里得距离

计算公式为

$$D\left(x,y\right) = \sqrt{\sum_{i=1}^{n}\left(x_i - y_i\right)^2}$$

（5-4）

（二）曼哈顿距离

曼哈顿距离（Manhattan distance）是一种应用于几何学与测量空间的几何学术语，用来表示两点相互之间在基准位置系上的一定轴距之和，如图 5-8 所示。

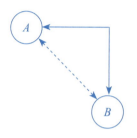

图 5-8　曼哈顿距离与欧氏距离

曼哈顿距离公式为

$$D\left(x,y\right) = \sum_{i=1}^{n}\left|x_i - y_i\right|$$

（5-5）

在图 5-8 中，实线代表曼哈顿间距，而虚线则代表欧氏距离，也就是直线间距。通俗来说，设想你在曼哈顿要从一个十字路口驾车到另一个十字路口，实际行进的一段距离便是"曼哈顿距离"，亦即曼哈顿间距名字的起源。同时，曼哈顿间距又被叫作都市街区距（city block distance）。

（三）切比雪夫距离

切比雪夫距离（Chebyshev distance）可以描述为两个矢量之间在任何位置角度上的最佳比值。换言之，它是通过每一条轴的最大距离。切比雪夫距离也常常被叫作象棋间距，因为在国际象棋中，国王从一个方格到另一方格的最少步数都相当于切比雪夫距离，如图 5-9 所示。

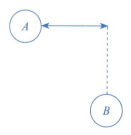

图 5-9　切比雪夫距离

切比雪夫距离公式为

$$D(x,y) = \max_i(\left| x_i - y_i \right|) \tag{5-6}$$

（四）闵可夫斯基距离

闵可夫斯基距离（Minkowski distance）并非指一类距离，而是将多类距离总结成一个公式，如图 5-10 所示。

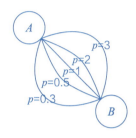

图 5-10　闵可夫斯基距离示意

其数学公式为

$$D(x,y) = (\sum_{i=1}^{n} \left| x_i - y_i \right|^p)^{\frac{1}{p}} \tag{5-7}$$

最有趣的一点是，我们可以使用参数 p 来操纵距离度量，使其与其他度量非常相似。常见的 p 值有：

$p = 1$：曼哈顿距离；

$p = 2$：欧氏距离；

$p \to \infty$：切比雪夫距离。

（五）相似度和距离的应用

通常，相似度代表了个体之间的接近程度，而相似度的数值越小，代表个体间的区别就越大；距离和近似程度负相关，相距越遥远，个体间的差别就越大。在这里，余弦相似度是最常见的相似度衡量方法，而欧氏距离就是最常见的间距度量，所以以下重点比较这两者在衡量方法和使用方式上的差异，如图 5-11 所示。

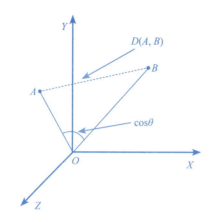

图 5-11　余弦相似度与欧氏距离的区别

通过图 5-11 的坐标系，能够很简单地知道余弦相似度与欧氏距离之间的区别。由于余弦相似度可以反映两个空间矢量的夹角，因此比较注重空间矢量的角度上的不同，但对一定的数值却很敏感；欧氏距离是指两点间的绝对距离，和这两点的相对位置坐标垂直有关。也因此，在图 5-11 中，如果维持到 A 点的距离不变，且 B 点朝原方位离开了原点，那么两点的余弦相似点维持不变，而欧氏距离则发生改变。

根据两者的不同特性，它们适用于不同的应用场景。欧氏距离最能表现个体特征维度的数字差别，所以大多应用于要在数字大小中体现差别的分析，比如编码测试（两串编码必须完全相同才能通过检测）、用户价值差异分析（根据用户行为指标区分高价值和低价值用户）等。余弦相似性主要通过方向来区别不同特征或相似程度，而不是位置的差异，因此无法考虑到用户评分这样的差异。相似度的应用场景涉及用户兴趣差异分析、文本相似度分析等。

三、同质性与同伴影响

同质性（homophily）是指社会层次接近的个体往往具有相似的个体水平特征的现象。在社会网络中，人们更倾向于与自己背景或特征相似的人建立连接或保持关系，而不是随机选择成员。同质性是社会网络最本质的一个特性，它表明在一个社会网络中，节点周围的邻居往往与中心节点非常接近，他们拥有相近的年龄、职业和兴趣等。产生同质性的根源来源于社会网络的两个行为："影响"（influence）和"选择"（selection）。"影响"表明人们更易跟随周围人的行为，"选择"表明人们会主动选择与他们相似的人。营销主要通过增强社会影响力来引导用户，而推荐系统侧重于研究用户间的相似性来让用户做出某种行为选择。

同伴影响（peer influence）是指在社会网络中，个人的特征和行为会受到朋友的影响，从而使两个人变得相似。对新技术采用、创新扩散和意见领袖的研究早已表明，消费者会受到他人的影响，这种影响几乎存在于所有领域。社会心理学的研究也表明，当人们受到社会影响时，他们的行为是不同的。一般来说，朋友或同伴主要通过两种机制对焦点用户的行为产生影响，即信息影响（informational influences）或观察学习（observational learning）、规范影响（normative influences）或同伴压力（peer pressure）。

同质性与同伴影响已经在各种社交媒体及社会网络数据中被广泛研究。例如，从1990—2000年，美国的肥胖率从21%上升到33%。对于一个肥胖的个体，他的邻居节点也可能是肥胖的，这可能基于以下3个原因：①基于同质性，相似（肥胖）的人比不同的人更容易成为朋友；②基于同质性，朋友之间可能有相似的不可观测因素，如共同的社交俱乐部、工作环境；③基于社会影响，肥胖的个体会影响邻居节点，使其也变得肥胖。

可以看出，两者在社会网络中会产生相似的结果，因此在经验上区分同质性与同伴影响是有挑战性的。然而，将这两者区分开来具有重要意义，因为他们的政策含义有显著的区别。例如，一个有效的政策可能是识别有影响力的人，并通过同伴影响来传播（社会传染），还有可能产生社会乘数效应。然而，在同质性的机制下，这种政策可能难以发挥作用。在研究中，通常利用随机试验或准实验等设计来进行区分。

第三节　社会网络分类

一、社会网络中的聚类系数

在社交媒体与社会网络中，相似的人群总会因各种原因而聚集到一起，这就是我们所说的"聚类"，聚类是为了发现用户在社会网络中所处

实验：社会
网络分类

的群体。而在图论中，聚类系数（clustering coefficient）是用来表示一张图中节点之间不同相关程度的指标。聚类系数主要包括总体聚类系数和局部聚类系数。总体聚类系数评估了一个图整体的凝聚程度，例如，你的每个好友间彼此认识的程度（同质性与同伴影响）；而局部聚类系数则评估了图形中每一个节点的相邻节点（alters）之间相互连接的程度，例如，你的一个好友和其他朋友间彼此认同的程度。

聚类系数是用来判断一个网络结构是否属于"小世界网络"的常用指标。研究指出，一些反映真实世界的网络架构，如生物、科技及社会网络架构，在不同节点间通常会产生密度相对较大的网络集群。也就是说，相比于由两个节点间随机连线所形成的网络系统，真实世界网络的集聚系数更大，形成了一个个"小世界"，被称为"小世界网络"。

（一）总体聚类系数

总体聚类系数的定义建立在闭三元组之上。假设图中的一些节点两两相接，那么就可找出几个节点，其中三点两两相接即可构成一个三角形，称为闭三元组。除此之外还有开三元组，也就是有两个边连通的三点组（缺一条边的三角形）。而这两个三元组就形成了所有的边连通三点组。根据上述概念，总体聚类分系数的基本概念是：在一个图中，所有闭三元组的数量和所有连通三元组的数量之比。若用 C_{total} 代表总体聚类系数，则有

$$C_{total} = \frac{N_{\text{闭三元组}}}{N_{\text{连通三元组}}} \qquad (5-8)$$

（二）局部聚类系数

对图中具体的某一个节点，它的局部聚类系数 $C(i)$ 衡量了该节点的邻居节点抱成团的程度，即任意两点间都有边连接的程度。其计算方法为：邻居节点之间实际存在的边数与最多可能存在的边数之比。

局部聚类系数的计算公式为

$$C(i) = \frac{2E(i)}{d(d-1)} \qquad (5-9)$$

其中，$E(i)$ 表示节点 i 的邻接边实际存在的数量，d 是节点 i 的度，$d(d-1)/2$ 表示了节点 i 的邻接边可能存在边的数量。

假设节点 E 有 3 个邻居节点（节点 A）。如果 3 个点 A 都相互连接[见图 5-12（1）]，那么点 E 的局部聚类系数是 $3 \div 3 = 1$；如果 3 个点 A 有两个 A 不相连[见图 5-12（2）]，那么点 E 的局部聚类系数是 $2 \div 3 = 2/3$；如果只有两个点 A 互相连接[见图 5-12（3）]，那么聚类系数是 $1 \div 3 = 1/3$；如果没有两个点 A 是相连的[见图 5-12（4）]，那么聚类系数就是 0。

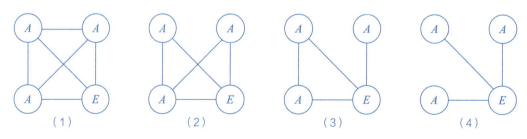

图 5-12　聚类系数示意

可以发现，节点 E 的局部聚类系数总是在 0 和 1 之间。局部聚类系数越靠近于 1，则表明它的邻居们越"抱成一团"，类似于完整图；而越靠近 0，表明它的邻居们越是

"形同陌路"，整体结构越近似于完整树状。

（三）平均聚类系数

在计算了一个图中每个节点的局部聚类系数之后，由此可以计算出整个图的平均聚类系数。具体来说是，每个节点的局部聚类系数的算术平均数为

$$\overline{C} = \frac{1}{n} \sum_{i=1}^{n} C(i) \qquad (5-10)$$

平均聚类系数与总体聚类系数都衡量了一个图在整体上的集聚程度。

Watts与Strogatz（1998）首次引入了这两个概念，用以判别一个图是否属于"小世界网络"。如果一个图的平均聚类系数远大于一个在同样的节点集合上构造的随机图的平均聚类系数，并且它的平均最短路径长度和这个随机图基本相同，那么这个网络结构就可以被叫作"小世界网络"。

二、团和宗派

在一个无向图 G 中，满足了任何两点之间都有边相连的节点的集，就被叫作团（clique），如图 5-13 所示。以社交团体为例，一个社交团体里的每个人都认识其他人（图 5-13 中的团为由大点构成的子图）。简单地说，团是图 G 的一个完全子图。由此可知，团的子集也是团。若某个团不被其余任何一个团所包含，或它并非其余任何一个团的真子集，则称该团为图 G 的极大团（maximal clique）。节点数最多的极大团，叫作图 G 的最大团（maximum clique）。

为进一步描述团的聚类程度，我们引入 K-团概念。K-团的定义为：当某一子图中任何两点在总图中的间距不超过给定数 K，则该子图被称为 K-团。需要注意的是，K-团中的节点可以依赖于非团的节点来形成路径。该定义通常用于在网络中查找密集集群的类团。

在图 5-14 中，$\{A, C, E\}$ 组成了一个 2-团；然而，$\{A, B, C, E\}$ 不是一个 2-团，因为 B 到 E 的距离为 3。

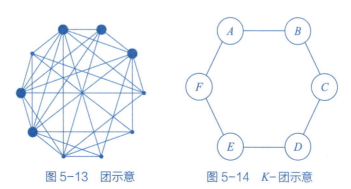

图 5-13 团示意　　　　图 5-14 K-团示意

同样地，我们引入了K–宗派（K–clan）的概念。K–宗派与K–团的不同在于其必须依赖于团内的节点来形成路径。因此，任意两点在团内的距离不大于给定数字K，则该子图称为K–宗派。如图5-18所示，{ A，B，C } 是一个 2–宗派；{ A，C，E } 不是 2–宗派，因为A到C需要通过B（宗派之外）。

无论是团还是宗派，都是社会网络结构中用来区分不同团体的概念。在现实世界的社交媒体中，我们会发现聚类的作用可以帮助我们找到社交媒体中的小团体、小圈子，从而对社交媒体中的社会网络有一个分类的认知。这样，我们便可以从聚类的角度去展开对社交媒体和社会网络的研究。

三、社会网络中的分类

在社会网络中，如何对不同的小团体进行分类？下面，我们将用一个简单的社会网络作为例子，运用团的概念，对该网络结构进行分类。

如图 5-15 所示，初始图共有 10 个节点，我们首先找到所有包含 4 个节点的团，这是社会网络分类的第一步。接下来，我们将组合其中相邻的团，组合的标准是两团之间有 4–1=3 个共享节点，如图 5-16 所示。组合完毕之后，我们得到 3 个团，我们继续尝试组合剩下的团，组合标准和上一步一致，最终我们将会得到两个团体，完成了社会网络的分类，如图 5-17 所示。

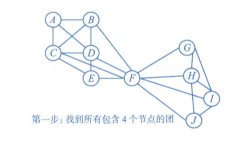

第一步：找到所有包含 4 个节点的团

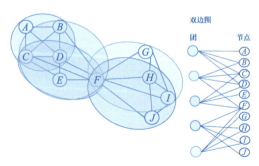

图 5-15　社会网络分类第一步

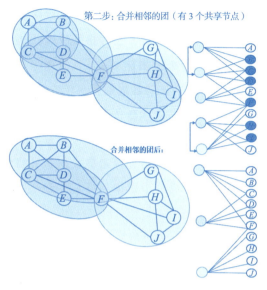

图 5-16　社会网络分类第二步

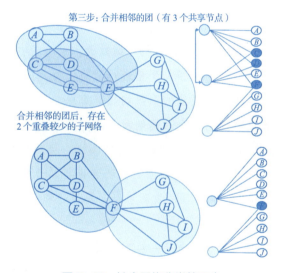

图 5-17　社会网络分类第三步

⊙ 章末案例

社会网络中的团体结构如何影响企业的创新能力?

　　企业的创新能力是企业经济发展的重要驱动力,尤其是在制药及半导体等技术领先行业。企业的创新能力可以从多个层次和不同视角进行分析,基于战略管理和人力资本的分析视角,越来越关注企业内部合作网络对企业创新能力的贡献。

Gomez-Solorzano、Tortoriell和Soda（2019）发表于战略管理顶级期刊《战略管理杂志》（*Strategic Management Journal*）上的相关研究，从社会网络结构中团的视角分析了个人在组织中的知识交流联系（工具性联系）与情感联系，并评估了团这种小集团式结构安排如何影响发明者的创新生产力。

研究者认为，组织内的非正式关系存在着不同的类型，已经被广泛研究的知识共享关系只是其中之一。员工在职业环境中的情感帮助、物质帮助、信息帮助和友谊也会影响个人寻求、获取和使用资源来完成创新发明的过程。因此，作者识别了3人及3人以上的个体组成的小团体，将其称为三元集团，并把团队分为知识共享团体与友谊团体。

研究者们调查了一家全球制药公司研究与开发实验室的113名负责创新的员工，通过网络调查问卷和公司档案数据获得了实验室中所有的科学知识共享关系与朋友关系，通过网络矩阵中的原始联系识别出三元集团，并为每个发明人分配了两个虚拟变量，作为关键的自变量，分别指示该发明人是否参与了知识共享团体或友谊团体。研究的因变量为发明者在调查前6个月和调查后的12个月内在美国专利及商标局和欧洲专利局提交的专利申请数量。

研究者用负二项回归模型对相关变量进行回归分析，模型回归结果表明，参与知识共享团体和友谊团体的变量的系数均显著为正，代表发明人融入知识共享团体或友谊团体都会提高发明者个人的创新生产力。但这两个变量的交互项显著为负，说明一旦发明人同时参与这两种类型的集团，会降低其个人创新生产力。边际效应分析表明，嵌入一种类型的团的发明者比不属于团的发明者多拥有4.6个专利申请，而同时加入两类集团的发明者与只属于一种类型集团的发明者相比，少拥有2.19个专利申请。

研究者们对这一结果的解释如下：创新结果的产生是漫长与困难的，且充满着不确定性，发明者之间牢固、稳定和持久的关系更有可能提供相互支持与相互信任，展现帮助的意愿。在知识共享团体中，公开交流知识的环境使得发明者不仅更易获取与分享知识，也会使得发明者更愿意向同事询问知识与解决方案。在友谊团体中，高度信任的环境使得发明者可以表露自己的想法并获得敏感性或战略性的信息，其他团体成员也会提供各类社会支持，帮助发明者建立和发展更多的创新想法，直至实现实质的创新。然而，基于知识交流联系和情感联系形成的小团体之间的信任逻辑是不同的，当两个集团是由不同的个体所组成的，同时加入这两个集团的发明者会被集团内其他成员认为是"破坏信任"的一方，这最终会阻碍他/她从任一团体获益。此外，由于小团体之间的关系是高强度的，团队中的成员需要投入大量的时间与精力经营团体关系，同时，占据这两类团体的成员需要投入大量时间处理来自不同形成逻辑的团体事务（这些事务还可能产生矛盾与冲突），从而阻碍其创新能力。

这篇论文研究了公司内部非正式网络结构中的关系结构和类型如何对发明者的创新绩效产生影响。企业内部知识共享团体与友谊团体都能促进创新绩效的提升，因此，开放和友好的环境也可以被视为公司的重要资产，公司可通过识别与管理这些与个人创新正相关的网络特征以促进公司整体创新绩效的提升。过度参与团体对创新绩效的负向影响则启示对创新绩效感兴趣的个人注意自己的网络配置，尤其是注意他们在不同类型的非重叠团体下的成员身份，从而更优地组合自己在不同类型团体中的互动，管理自己在多个团体内的成员身份。

[资料来源：GOMEZ-SOLORZANO M, TORTORIELLO M, SODA G. Instrumental and affective ties within the laboratory: the impact of informal cliques on innovative productivity. Strategic management journal, 2019, 40(10): 1593-1609.]

● **本章小结**

本章主要学习了以下内容。

1. **社交媒体中的社会网络关系**

这是由社会关系所组成的基本结构。社会网络分析方法是指社会学家通过图论和数学模型等方式，对社区群组中人和人之间互动关系的定量研究。

2. **社会网络的构成**

社会网络是由多个节点所组成的一个小社会结构。节点一般是指个人或团体，而社会网络结构象征着节点之间的关系。

3. **图的基本概念**

图是由节点的有穷非空集合和节点之间边的集合体构成的。涉及边的属性、图的属性、节点的属性、路径、权、自我中心网络等概念。

4. **社会网络节点间的相似度与距离的计算**

社会网络节点间的相似度主要涉及余弦相似度和杰卡德相似度；距离的计算方式主要有欧几里得距离、曼哈顿距离、切比雪夫距离和闵可夫斯基距离。

5. **社会网络中的聚类系数**

社会网络中的聚类系数主要有总体聚类系数、局部聚类系数、平均聚类系数。

6. **团和宗派的概念**

在一个无向图 G 中，满足了任何两点之间都有边相连的节点的集，就被叫作团。

● 关键词

社会网络结构（social network structure）　团（clique）

节点的度（degree）　图（graph）

路径（path）　相似度（similarity）

自我中心网络（egocentric network）　聚类系数（clustering coefficient）

距离（distance）　宗派（clan）

● 复习题

1. 六度分隔理论说明了社交媒体中的一个什么样的问题？

2. 图的基本概念有哪些？

3. 社会网络中的相似度和距离如何计算？

4. 如何计算社会网络中的聚类系数？

5. 团和宗派的定义是什么？

第六章

社会网络关键节点

【学习目标】

当阅读完本章时，你将能够：

1. 掌握代表性的链接分析方法。

2. 识别社会网络关系中的关键节点。

3. 了解割点、桥和结构洞的概念与应用。

⟳ 开篇案例

苏伊士运河堵塞为何影响如此之大

苏伊士运河是极为重要的一条运河，也是亚非与欧洲间最直接的水上通道，更是海上船舶运输的重要关隘。2021年3月23日12点左右，2万标箱的长荣海运集装箱船"长赐号"因机舱突然失电，在大苦湖以南的苏伊士运河单行槽里失控，横向堵死苏伊士运河。这是苏伊士运河历史上最严重的货轮搁浅阻断航道事故之一，有媒体称之为又一次的"苏伊士危机"，货轮航程延误造成的直接和间接经济损失每小时达数亿美元。

苏伊士运河掌管了全球约12%的贸易流量，每天约有50艘船通过运河。海事历史学家萨尔·梅尔科利亚诺说："运河一关闭……货柜船和油轮就不能向欧洲运送食品、燃料和制成品，也不能从欧洲向远东出口货物。"

《劳埃德船舶日报》(*Lloyd's List*)估计，清除障碍物所需的每一天将打乱价值90亿美元商品的运输。有顾问指出，苏伊士运河即使是短期中断，也会诱发整个供应链中持续几个月的骨牌效应，运输成本将上涨。航道堵塞期间，苏伊士运河管理局每天的运河营运收入会减少1400万～1500万美元。作为"欧亚大动脉"的苏伊士运河为何如此重要，以至于堵塞造成的经济损失每小时达数亿美元，学习社会网络关系中的"割点与桥"的概念，将会加深对此类事件的理解。

（资料来源：根据网络相关资料整理）

第一节　社会网络中的关键节点——中心度分析

实验：社会网络中的关键节点——中心度分析

本章我们将介绍中心度分析、结构洞分析等挖掘社会网络中关键节点的方法，以及割点、桥等图论概念。

中心度（centrality）表示一个节点在网络中处于核心地位的程度，可用来识别社会网络图中的关键节点，并理解各节点对网络整体的影响。基于某一节点的关联节点，中心度有以下 4 种分析方法。

一、点度中心度

点度中心度（degree centrality）直接测量与该节点关联的边的数量，一个节点与其他节点的直接联系越多，点度中心度就越高。对于有 n 个顶点的网络图 $G(v, e)$ 而言，节点 i 的点度中心度可由下式定义

$$C_D(v_i) = \sum_{j=1}^{n} a_{ij}(i \neq j) \tag{6-1}$$

其中，a_{ij} 为邻接矩阵 A 中的元素，表示节点 i 与节点 j 之间是否存在直接连接（边）。取值为 1 代表两个节点之间存在直接连接，取值为 0 代表二者之间没有直接连接。

为了消除网络规模对中心度的影响，通常使用标准化后的点度中心度公式衡量某个节点的点度中心度，即

$$C'_D(v_i) = \frac{C_D(v_i)}{n - 1} \tag{6-2}$$

例如，在图 6-1 中，节点 3 有 3 条直接关联边，因此

$$C_D(v_3) = 3$$

$$C'_D(v_3) = \frac{3}{5} = 0.6$$

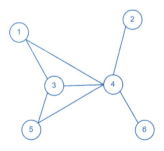

图 6-1　社会网络图示意

对有向图进行中心度分析时需要考虑用入度中心度（in-degree centrality）与出度中心度（out-degree centrality）来分析。

二、中介中心度

中介中心度（betweenness centrality）用来衡量经过某节点的最短路径（shortest paths）的比例，如果一个节点处于其他两个节点的多条最短路径上，那么它的中介中心度越高。在社交网络图中，节点的中介中心度可以反映节点对信息传播的控制能力。节点 i 的中介中心度可由下式定义

$$C_B(v_i) = \sum_{j,\,k=1}^{n} sd(j,\ i,\ k)(j \neq k) \tag{6-3}$$

其中，$sd(j, i, k)$ 表示节点 j 和节点 k 之间的最短路径经过节点 i 的比例。标准化后的公式为

$$C'_B(v_i) = \frac{C_B(v_i)}{(n-1)(n-2)} \tag{6-4}$$

例如，在图 6-1 中，如需求解节点 4 的中心度，需要考察网络图中每个节点到其他节点的最短路径。

$$C'_B(v_4) = \frac{(1+0+1+0.5)+(1+1+1+1)+(0+1+0+1)+(0.5+1+0+1)+(1+1+1+1)}{5 \times 4}$$

$$= \frac{15}{20} = 0.75$$

此处分子中的第一个括号里的数值代表了节点 1 到某一其他节点的最短路径中，通过节点 4 的最短路径所占的比例：节点 1 到节点 2 共有一条最短路径且通过节点 4，所以第 1 个数字为 1；节点 1 到节点 3 共有一条最短路径且不通过节点 4，所以第 2 个数值为 0；节点 1 到节点 6 共有一条最短路径并且通过节点 4，所以第 3 个数字为 1；而节点 1 到节点 5 共有两条最短路径并且只有一个路径通过节点 4，因此第 4 个数字为 0.5。按前述过程可以观察网络图上每个节点和其他节点的最短路径经过节点 4 的情况，从而得出节点 4 的中介中心度。

三、紧密中心度

紧密中心度（closeness centrality）指的是一点到其余任何一点之间的一段距离（最短途径）总和的倒数，反映的是一点和其余点之间的邻近程度，其值越高说明该节点与其他节点的距离越短，对一个节点来说，它和网络中其他各个节点就越是靠近。

节点 i 的紧密中心度可由下式定义

$$C_C(v_i) = \frac{1}{\sum_{j=1}^{n} D(i,\ j)} \tag{6-5}$$

其中，$D(i, j)$ 表示节点 i 与节点 j 间的最短路径。标准化后的紧密中心度公式为

$$C'_C(v_i) = \frac{n - 1}{\sum\limits_{j = 1}^{n} D(i, j)} \qquad (6-6)$$

例如，在图 6-1 中，节点 3 的紧密中心度为

$$C'_C(v_3) = \frac{6 - 1}{1 + 2 + 1 + 1 + 2} = \frac{5}{7} \approx 0.71$$

四、特征向量中心度

在社交网络图中，各节点的重要性不同，一个节点的点度中心度可能不高，但如果它连接的都是很重要的节点，那这个节点本身的重要性（中心性）也会高。特征向量中心度衡量了邻居节点的重要性，若 x_i 表示节点 i 的重要性，为 $n \times 1$ 的向量，则特征向量中心度（eigenvector centrality）的计算公式为

$$C_E(v_i) = x_i = c \sum\limits_{j = 1}^{n} a_{ij} x_j \qquad (6-7)$$

其中，c 为比例常数，a_{ij} 为邻接矩阵 A 中的元素。各节点的重要性 $x = (x_1, x_2, \cdots, x_n)^T$ 有初始值，经过多次迭代后，各节点的特征向量中心度会达到稳定。

第二节　链接分析法与PageRank算法

一、链接分析法

链接分析法指对 Web 架构中超链接的多维分析方法。搜索引擎在查找能够满足用户请求的网页时，主要考虑两方面的因素：网页和查询的相关性，即用户发出的查询与网页内容相似性的得分；网页的重要性，即通过链接分析方法计算获得的得分。搜索引擎融合两者，共同拟合出相似性评分函数，来对搜索结果进行排序。

常见的链接分析算法除了著名的 PageRank，还有 HITS、SALSA、Hilltop 及主题 PageRank 等。需要重点理解的是 PageRank 算法，后面这些算法都是以它们为基础的。

绝大部分链接分析算法建立在两个概念模型的基础上，分别是：随机游走模型和子集传播模型。①随机游走模型。这是针对浏览网页用户的行为建立的抽象概念模型，用户上网过程中会不断打开链接，在相互有链接指向的网页之间跳转，这是直接跳转，如果某个页面包含的所有链接用户都不感兴趣，则可能会在浏览器中输入另外的网址，这是远程跳转。该模型就是对一个直接跳转和远程跳转两种用户浏览行为进行抽象的概念模型；典型的使用该模型的算法是 PageRank 算法。②子集传播模型。基本思想是把互联网网页按照一定规则划分，分为两个，甚至是多个子集合。其中某个子集合具有特殊性质，很多算法从这个具有特殊性质的子集合出发，给予子集合内网页初始权值，之后根据这个特殊子集合内网页和其他网页的链接关系，按照一定方式将权值传递到其他网页。典型的使用该模型的算法有HITS和Hilltop。

链接算法很多，但是从其概念模型来说，基本遵循上述介绍的随机游走模型和子集传播模型。在众多算法中，PageRank和HITS算法可以说是最重要且最具代表性的链接分析算法，后续的很多链接分析算法都是在这两个算法的基础上衍生出来的改进算法。本章将主要介绍PageRank算法。

二、PageRank算法背景

随着网络信息量越来越庞大，如何有效地搜索出用户真正需要的信息非常重要。自1998年搜索引擎网站Google创立以来，网络搜索引擎成为解决上述问题的主要手段。

1998年，美国斯坦福大学博士生拉里·佩奇和谢尔盖·布林创立了Google公司，他们核心技术是通过PageRank技术对海量的网页进行重要性分析。该技术利用网页相互链接的关系对网页进行组织，确定出每个网页的重要级别（page rank）。当用户进行搜索时，Google找出符合搜索条件的网页，并按它们的级别依次列出。用户一般在显示结果的第一页或者前几页就能找到真正有用的结果。

形象地解释PageRank的基本原理是：如果网页A链接到网页B，则认为"网页A投了网页B"一票，如果网页A级别高，则网页B级别也相应地高。

PageRank除了网站搜索之外，还有很多其他应用。更进一步说，只要有图谱，就可以使用PageRank。以下为一些应用举例。

（1）社会网络：可用其来评估社会网络节点的影响力，如寻找关系网中的牛人；也可基于用户的相似度挖掘用户的价值，扩大用户的社交影响力等。

（2）生物领域：可用于基因、蛋白研究，如通过PageRank确定7个与遗传有关的肿瘤基因。

（3）体育运动：评估特定体育运动项目中历史最佳球队或球员。

（4）神经科学：评估不同大脑区域之间的联结及其重要性程度。

（5）交通网络：预测城市的交通流量和人流动向。

（6）推荐系统：在推荐系统中，用户行为数据可以表示成图的形式，具体来说是二部图。用户的行为数据集由一个个(U, I)二元组组成，表示用户U对物品I产生过行为。用户对他产生过行为的物品的兴趣度是一样的，也就是只考虑"感兴趣"或"不

感兴趣"。用$G(V, E)$来表示这个图，则顶点集$V=U \cup I$，图中的边则是由数据集中的二元组确定的。二元组(U, I)表示U对I有过行为，则在图中表现为有边相连，即$E(U, I)$。对U进行物品推荐，就转化为计算用户顶点U及其与所有物品顶点之间的相关性，然后取与用户没有直接边相连的物品，按照相关性的高低生成推荐列表。

在实际应用中，许多数据都以图的形式存在，比如，互联网、社会网络都可以看作是一个图。图数据上的机器学习具有理论与应用上的重要意义。PageRank算法是图的链接分析（link analysis）的代表性算法，属于图数据上的无监督学习方法。

事实上，PageRank可以定义在任意有向图上，后来被应用到社会影响力分析、文本摘要等多个领域。

三、PageRank算法基本思想

PageRank算法的基本想法是在有向图上定义一个随机游走模型，即一阶马尔可夫链，描述随机游走者沿着有向图随机访问各个节点的行为。在一定条件下，极限情况访问每个节点的概率收敛到平稳分布，这时各个节点的平稳概率值就是其PageRank值，表示节点的重要度。PageRank是递归定义的，PageRank的计算可以通过迭代算法进行。

历史上，PageRank算法作为计算互联网网页重要度的算法被提出。PageRank是定义在网页集合上的一个函数，它对每个网页给出一个正实数，表示网页的重要程度，整体构成一个向量，PageRank值越高，网页就越重要，在互联网搜索的排序中可能就被排在前面。

PageRank值依赖于网络的拓扑结构，一旦网络的拓扑结构（连接关系）确定，PageRank值就确定。PageRank的计算可以在互联网的有向图上进行，通常是一个迭代过程。先假设一个初始分布，通过迭代，不断计算所有网页的PageRank值，直到收敛为止。

PageRank算法的主要过程如下：①每个页面分配初始PageRank值；②等概率将PageRank值分配给该页面指向的网站，若该网站没有指向外部的链接，则将PageRank值全部分配给自己；③更新每个网站的PageRank值，经过多次迭代后的PageRank值会收敛于某个特定值。具体公式为

$$C_{PR}(v_i) = x_i = \alpha \sum_{j=1}^{n} A_{ij} \frac{x_j}{outdegree_j} + \beta \tag{6-8}$$

其中，$outdegree_j$表示节点j的出度中心度，α为一个介于$[0, 1]$的标度常数，β为每个节点的初始中心度值（常数）。需要注意的是，PageRank中心度同样需要多次迭代才

能得到稳定值。

从上述公式中可以看出，PageRank中心度对特征向量中心度分析方法的改进之处在于，被链接到的网站并不会得到来源网站的全部中心度值，来源网站的中心度值会由出度中心度稀释，这就保证了被Google链接到的网站并不会因为Google中心度较大而使得自身的中心度得到较大提升甚至超越Google的中心度，从而使得该种分析方法更加合理。

PageRank算法也有一些不足：①作弊网页，例如两个节点互相链接而不输出，使得随着迭代重要性都累积到这对节点之上，同比缩减和统一补偿原则是对PageRank基本算法的修正；②主题漂移，PageRank只测量网页的一般流行度，可能会遗漏特定主题的权威，可以通过特定主题的PageRank来解决。

第三节　其他关键节点指标

一、割点与桥

割点（cut-vertex）是指在无向连通图中，当去除其中某个节点及其所有相连的边后，该无向图的连通分量数增加，就称这个节点为割点。

桥（bridge）是指在无向连通图中，如果删除一条边后，该无向图的连通分量数增加，就称这条边为桥或割边。

在开篇案例中，苏伊士运河作为全球交通节点网络中的"割点"或"割边"，其重要性就体现在，一旦其瘫痪，全球交通网络都会变成一个个"连通分量"而彼此分隔，无法进行物质或信息的流通，对网络的影响巨大。

如图6-2所示，如果去除节点9及其与节点1和节点10的连线，图6-2会变为拥有两个连通分量的非连通子图（概念详见第五章），那么节点9就是图6-2的一个割点。同理，如果去除节点1或节点10及其连接的边，图6-2的连通分量也会增加。因此，在图6-2中，割点为节点1、节点9、节点10。

根据上文中的桥的定义，如果去除节点1与节点9的连线，图6-2将变为拥有两个连通分量的非连通子图，因此连接节点1和节点9的边即为图6-2的桥。同理，节点9和节点10之间的边也是图6-2的桥。

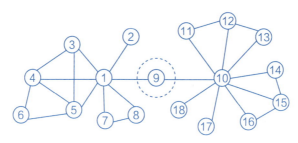

图 6-2　社会网络图示意

二、结构洞

（一）结构洞理论简介

结构洞（structural hole）理论是社会网络分析领域的重要理论之一。Burt（1992）在弱连接理论、网络交换理论等社会网络研究的基础上提出了结构洞理论。结构洞理论从结构角度对网络进行分析与理解，阐述了结构洞的概念，并分析了结构洞如何带来竞争优势。"结构洞"是指社会网络中的空隙，即社会网络中某个或某些个体和有些个体发生直接联系，但与其他个体不发生直接联系，即无直接关系或关系间断，从网络整体看好像网络结构中出现了洞穴。

Burt用结构洞来表示非冗余的联系，认为"非冗余的联系人被结构洞所连接，一个结构洞是两个行动者之间的非冗余的联系"。例如，在图 6-3（1）结构中，"自我"与X、Y、Z中的任意两者之间的关系结构就是一个结构洞。因为，X和Y都与"自我"有关系，但是两者之间却不存在关系，相当于有一个空洞（hole）。"自我"如果希望把信息传递给X和Y，需要分别通知；而在图 6-3（2）结构中，"自我′"仅把信息传递给X′即可，因为X′可以把信息传递给Y′。也就是说，对于"自我"来讲，X与"自我"的关系和Y与"自我"的关系是非冗余的；而对于"自我′"来讲，X′与"自我′"的关系和Y′与"自我′"的关系则是冗余的。"自我"便是结构洞的中间人或者占据者。Burt认为，结构洞能够为其占据者获取"信息利益"和"控制利益"提供机会，从而比网络中其他位置上的成员更具有竞争优势。

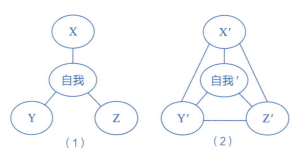

图 6-3　结构洞示意

处于结构洞的节点被称为结构洞占据者，其通常有着先天的信息优势和控制优势，相较于中介中心度分析，结构洞理论更加注重结构洞位置信息收益与管理效益之间的相互作用。结构洞的信息优势在于，因为各个集群内部的信息具有巨大差异性，所以和互联网中的其他人一样，处于结构洞中的个人或集群都有机会获取独有信息，并抛弃无用的信息，更快地获得更有价值的信息。结构洞的控制优势在于，结构洞占据者可以为原本分离或联系较少的群体提供联系，控制群体之间的信息流，从而在网络中获得更多的权力与威望；结构洞占据者的独有信息能够帮助他们与信息网络中的各方建立广泛的联系，进行更多的协商与交流，从而发现更多的机遇。

（二）结构洞

由于结构洞洞口位置具有天然的信息优势和控制优势，在整个社会网络系统中识别结构洞占据者是十分关键的。有部分研究者提供了可以定量检测结构洞节点数量的指标，对构造洞节点的特性做出了评估，如Burt提供了网络约束系数、网络的有效规模、等级度等指标对构造洞口数量做出了测量，而其他指标如中介中心度、局部聚类系数、PageRank算法也是衡量结构洞的相关指标。近年来的研究也提出了一些适用于大规模社会网络的结构洞识别算法，如HIS算法与MaxD算法（Lou和Tang, 2013）、Greedy和APGreedy算法（Xu、Rezvani和Liang, 2017）。以下是几种常用来测量结构洞节点性质的指标。

1.网络约束系数

网络约束系数（network constraint index）表示的是在网络系统中一个节点和其他节点连接的直接联系或之间关联的强度。网络约束系数越高，就意味着整个网络系统的封闭程度越高，即节点们把所有时间和精力都聚集到一个集群中的程度就越高，所以在这个节点中形成结构洞的可能性也越小。具体步骤如下。

首先，需要计算节点i与节点j相连受到的约束程度，计算公式为

$$C_{ij} = \left(P_{ij} + \sum_{q=1}^{n} P_{iq} P_{qj} \right)^2 \tag{6-9}$$

这里，节点q是节点i和节点j的共同邻接点，P_{ij}表示在节点i的所有邻接点中节点j所占的比例，P_{iq}表示在节点i的所有邻接点中节点q所占的比例，P_{qj}表示在节点q的所有邻接点中节点j所占的比例。则节点i的网络约束系数为

$$C_i = \sum_{j=1}^{n} C_{ij} \tag{6-10}$$

2.网络有效规模

用网络有效规模（effective size）度量结构洞的基本思路是假设两个节点间不具有冗余关系，则两者之间的缝隙便是结构洞。通过网络的有效规模指标，即可确定节点在互联网中的总体地位。计算节点 i 的网络有效规模的公式为

$$ES_i = \sum_j \left(1 - \sum_{q=1}^{n} P_{iq} P_{jq}\right) = d - \frac{1}{d} \sum_{j=1}^{n} \sum_{q=1}^{n} P_{jq} \tag{6-11}$$

其中，d 是节点 i 的度，节点 j 是节点 i 的邻接点，节点 q 是节点 i 和节点 j 的共同邻接点，P_{iq} 和 P_{jq} 分别表示在节点 i 和节点 j 的所有邻接点中节点 q 所占的比例。

3.局部聚类系数

局部聚类系数（clustering coefficient）表明了某个节点的邻接节点聚集成团的倾向。如果一个节点聚集倾向越大，这个点越不可能成为结构洞节点。计算公式为

$$C(i) = \frac{2E(i)}{d(d-1)} \tag{6-12}$$

其中，$E(i)$ 表示节点 i 的邻接边实际存在的数量，d 是节点 i 的度，$d(d-1)/2$ 表示了节点 i 的邻接边可能存在边的数量。

（三）结构洞理论的应用

该理论自提出后，在社会科学等领域得到了广泛的应用。随着信息技术与互联网的发展，虚拟社会网络也成为社会科学领域的研究重点。结构洞理论在社会网络，尤其是虚拟社会网络的分析中也有了越来越多的应用。结构洞理论一方面可帮助研究者们进一步理解信息与知识在网络中的传播方式；另一方面也帮助研究者们进一步理解网络中的结构优势所带来的影响，如结构洞对个人或组织创新绩效的影响。在信息与知识传播方面，由于网络中信息和知识的不对称分布，结构洞占据者会接触到更多的非冗余的知识与信息。一方面，对信息和知识的接近会带来信息优势和控制优势；但另一方面，认知过载与信息过载也会影响结构洞的优势。在信息和通信技术不断发展的今天，信息和交流变得越来越多，信息与知识在网络结构中的传播也变得愈发重要，结构洞理论有助于我们了解线下与线上信息和知识的传播方式。

在结构洞带来的结构优势方面，结构洞会影响组织层面和个人层面的创新绩效。占据结构洞的组织往往意味着拥有了多样性的知识与社会关系，有助于推动更多的知识创新，但这种积极影响也会受到网络密度的调节作用。在个人层面上，结构洞带来的丰富的社会网络有助于推动具有创新风格的员工收获更高的绩效，且位于中间水平的结构洞能够带来最优的效果。结构洞所占据的信息优势和位置优势与创新行为密切

相关，如何利用结构洞的位置优势创造实际的竞争优势（如创新绩效）也是结构洞相关研究中的重要课题。

结构洞相关的研究涉及管理科学、社会学、计算社会科学等各个研究领域，近年来的许多研究都已证明了其在各个领域的广泛适用性。对结构洞的进一步研究与应用能够帮助人们更深刻地理解现实中的网络性质，解决更多社会网络分析中的难题。

⭕ 章末案例

在线医疗社区中的结构社会资本

在线医疗社区的迅猛发展使得医疗领域供需双方严重的信息不对称、医患关系亟须改善等迫切性现实问题有了新的解决路径，公众通过在线医疗社区提升知识、培养健康素养成为可能。Chen、Baird 和 Straub（2019）聚焦慢性病在线健康社区，采用计量经济学结合机器学习的方式，探究在线健康社区中的结构社会资本、信息社会与情感社会支持对参与者的健康知识素养和健康态度效价的影响，如图 6-4 所示。

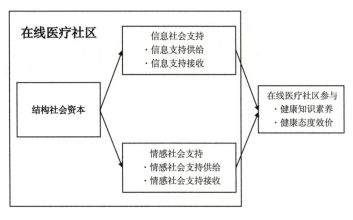

图 6-4　研究模型

此研究不仅通过支持向量机对社会支持进行量化，通过构建计量模型分析各变量间的作用，还基于中心度指标测量了结构社会资本。

中心性是结构社会资本的关键组成部分。根据本章的介绍，此研究的中心性指在线医疗社区中参与者连接到交互网络的程度。参与者在网络中的中心性越高，其社会关系的强度、频率和亲密度就越高，从而为参与者寻求和交换与健康相关的社会支持提供了不同的资源。使用中介中心度来衡量社区中在线参与者的结构

社会资本，也控制了点度中心度（出度中心度和入度中心度）。中介中心度指的是在线社区中参与者处于交互中心的程度，参与者的中介中心度越高就具有越多的利用桥接的优势，进而此研究主要根据每个月参与者的回应关系构建有向无加权网络来进行社会网络分析。

[资料来源：CHEN L, BAIRD A, STRAUB D. Fostering participant health knowledge and attitudes: an econometric study of a chronic disease-focused online health community. Journal of management information systems, 2019, 36(1): 194-229.]

● 本章小结

本章主要学习了以下内容。

1. 社会网络中心度分析方法

中心度表示一个节点在网络中处于核心地位的程度，可用来识别社会网络图中的关键节点，并理解各节点对网络整体的影响。中介中心度可反映节点对信息传播的控制能力。紧密中心度可以反映被其他节点所控制的程度。特征向量中心度衡量了邻居节点的重要性。PageRank中心度是特征向量中心度思想在有向图中的一种应用，它来源于Google对网页排名的PageRank算法。

2. 中心度分析应用

在社会网络分析中，中心度分析常被用来判断网络图上的重要节点，采用什么样的中心度指标取决于对具体情境中哪些节点更为重要的判断，如表6-1所示。

表6-1　各个中心度指标选择的标准

指标	说明	作用
点度中心度	一个成员的社会关系越多，就越重要	注重社会成员间的直接联系
中介中心度	一个成员处于其他成员认识彼此的最短路径的数量越多，就越重要	体现了成员控制信息传播的能力
紧密中心度	一个成员跟所有其他成员的距离越近，就越重要	反映了成员的凝聚能力
特征向量中心度	一个成员连接的人的社会关系越多，就越重要	反映了处于网络中心的程度

3. 链接分析法

链接分析法指对Web架构中超链接的多维分析方法。当前，其应用领域主要表现在网络信息检索、网络计量学、数据挖掘、网络结构模型等技术领域。而身为Google的核心技术所在，链接分析法的应用已呈现出极大的商业价值。

4. 割点、桥与结构洞

割点是指在无向连通图中，当去除其中某个节点及其所有相连的边后，该无向图的连通分量数增加，就称这个节点为割点。桥是指在无向连通图中，如果删除一条边后，该无向图的连通分量数增加，就称这条边为桥或割边。结构洞是指社会网络中的空隙，即社会网络中某个或某些个体和有些个体发生直接联系，但与其他个体不发生直接联系，即无直接关系或关系间断，从网络整体看好像网络结构中出现了洞穴。

● **关键词**

社会化媒体渠道（social media channel） 特征向量中心度（eigenvector centrality）

中心度（centrality） 链接分析（link analysis）

点度中心度（degree centrality） 割点（cut-vertex）

中介中心度（betweeness centrality） 桥（bridge）

紧密中心度（closeness centrality） 结构洞（structural hole）

● **复习题**

1. 点度中心度、中介中心度、紧密中心度、特征向量中心度的区别是什么？

2. 测量结构洞节点性质的指标有哪些？

3. 举例说明自己社会网络中的同伴影响。

4. 比较整体聚类系数与局部聚类系数的计算公式。

5. PageRank算法的基本思想是什么？

第七章

社交媒体网络关系与推荐

【学习目标】

当阅读完本章时，你将能够：

1. 掌握社会网络中人际关系的分类，并能分辨其中哪种关系能帮助人们获取更多的信息。

2. 掌握两个对象之间的相似度计算。

3. 熟悉协同过滤算法的原理，并能解释怎样实现协同过滤算法。

4. 熟悉K近邻算法的原理，并能解释怎样实现K近邻算法。

⟳ 开篇案例

电子商务与在线社交平台中的推荐算法

电子商务发展的一个重要副产品是连接商品和消费者的网络。例如，在亚马逊平台，商品页面除了展示商品本身的信息，还展示购买该商品的用户同时购买的其他商品，并将这些商品的链接放置在页面上。换句话说，平台利用其他消费者的购买经验，向用户推荐他们可能需要的产品，而所有商品则可以通过这种联系形成一个推荐网络。

在线社交平台中用户之间的网络也发挥了重要作用。例如，在微信公众号中，点击"在看"可以让朋友圈的人知道你正在看这篇文章；在微信视频号中，点赞可以让你的朋友看到你点赞了这条视频，并和你观看同一条视频；在B站中，up主投稿的视频不但会被推送给他们的关注者，还会被推荐给一批有相似口味的用户。

就像商品在货架上摆放的位置会影响购买行为一样，我们可以很自然地猜想，电商平台上某个商品在推荐网络中所处的位置将影响其销量，社交平台上某条内容在社交网络中所处的位置也会进一步影响其点击率等数据，如一条视频越受欢迎，它被推荐的可能性越大。那么，平台运营商是如何决定哪些商品或内容需要被推荐，它们又该被推荐给哪些用户的呢？

[资料来源：OESTREICHER-SINGER G, SUNDARARAJAN A. Recommendation networks and the long tail of electronic commerce. MIS quarterly, 2012, 36(1): 65-83.]

第一节　社交媒体上的强关系和弱关系

一、人际关系的强度

美国社会学家马克·格兰诺维特（以下简称格兰诺维特）指出，社会学研究应将微观层面的互动与宏观层面的模式联系起来，而对社会网络的分析是最有成效的连接微观与宏观的桥梁。为了衡量人际网络的互动程度，格兰诺维特提出了人际关系强度（tie strength）的定义：关联的强度是时间量、情感强度、亲密程度（相互信任）和关系间互惠的组合。据此，人际关系可以分为强、弱和不存在3种。每个人通常都会和自己最亲近的人构建起稳固的关系，比如亲人、朋友、同学等，这是一种"强关系"（strong ties）。强关系虽然稳定但消息传播范围非常受限。同样，还存有其他一种相比于强关系更加普遍但容易被忽视的人际关系，比如火车站售票员、参加聚会时偶尔认识的某人等，格兰诺维特把后者称为"弱关系"（weak ties）。不存在的关系包括没有任何关系和没有实质意义的联系，例如，人们可能会认为某两位著名演员之间会存在联系。然而，这些人之间实际上缺乏联系。这种不存在的关系可以很容易地转变为弱关系。同样地，不存在的关系或弱关系也可以通过互动变成强关系。

传统观念认为，具有强关系的人之间应该更有动力或更有可能帮助彼此，但是事实并非如此。格兰诺维特调研了美国波士顿郊区的居民如何利用社会关系寻找工作，结果发现，相比于平时联系紧密的朋友，那些很少联系或不熟悉的人能够提供更多的帮助。有数据显示，通过社会关系找到工作的人当中，只有16.7%是通过经常联系的朋友，55.6%通过偶尔才有联系的人，剩下的27.7%通过几乎无联系的人找到工作。而到了21世纪，互联网的发展将通过社会关系找工作的功能延伸至了线上，如领英平台，人们可以更加方便地与校友、同学的同学等这些平时几乎没有联系的人建立起互相帮助的网络。可以看到，弱关系虽然不如强关系那样坚固，但在信息的多样性和传播速度上，弱关系可能会起到与强关系相同，甚至比它更强的作用。

二、弱关系的特性与价值

根据关系强度的四要素，我们可以判断关系的强度。例如，当关系涉及更多时间承诺（两人在一起的时间越长），连接两个人的关系越强。格兰诺维特还给出了另外一种更为直接的判别方式，即朋友圈重合（overlap）的程度。当两人相互之间为强关系时，在他们的朋友圈重合程度很高；当两人相互之间为弱关系时，他们的朋友圈重合的程度则较小。

弱关系有以下几个特性。

第一，广泛性。广泛性源自形成弱关系的个体基数大。由于人们只能和少部分人

建立起稳定的强关系，而剩下其他人都有可能与之形成弱关系。结合每天的实际生活，我们会建立大量的弱关系，比如出租车司机、给微博点赞的网友等。

第二，异质性。由于弱关系的广泛性，致使建立弱关系的对象在教育水平、经济水平、职业、兴趣爱好、社会地位等方面存在着很大的差异。正是因为异质性，由弱关系传递的信息通常是自己通过强关系接触不到的，从而形成资源互补。

第三，中介性。弱关系可在群体内部形成纽带联系，起桥接各个群及子群的功能，并承担向网络各个组成部分传输信息的重要角色。我们身边通常会有那么一两个"百事通"，他们结识的人非常多且涉足不同领域，愿意去维系弱关系且并不以此为负担。他们是信息的中转站，同时也起到了桥接不同群体的作用。格兰诺维特断言："充当信息桥的必然是弱关系。"

弱关系的上述3种特征决定了它比强关系更能跨越社会领域，去获取信息和利用其他资源。因为在强关系的个体之间，人们各自的社交圈大多是相互重叠的，所以人们利用强关系得到的信息的重复性较高，群体内部所接触和了解的事物和信息相似性较高，并且群体内成员可能具有相似的态度，从而强化已有的观点和信息并阻碍新信息的获取；而弱关系则往往是在社会经济特点不同的个体之间发展出来的，由于其分布范围比较广泛，所以信息交叉程度较小，因此能够产生更低成本和高效的信息传递，从而创造出更多的信息流动。正如格兰诺维特提出的"悖论"：经常被指责为导致关系疏远的弱关系，却是个人机会和融入社区不可或缺的；强关系产生局部凝聚力，却导致整体支离破碎。

三、社交媒体上的关系强度与相似度

在线社交媒体应用已经深入人们的日常生活，并承载着非常重要的信息分享功能。不同社交媒体平台的关系强度也有所区别。例如，Facebook和微信通常是以现实中的人际关系作为基础，将线下关系延伸到线上，从而形成一个社会网络，建立起一个熟人的"强关系"网络。这种强关联方式能够让用户简单地了解自己的朋友们最近在干些什么，但是相对来说消息传播较为闭塞，而且消息传递的区域也较为受限，在多样性上就无法得到保障。毕竟在现实生活中，很多用户都仅限于将自己朋友圈子里的朋友们加进去。不过，Twitter和微博就是通过信息的建立与联系，为原本因为地域距离和社交距离较远的陌生人创造了彼此认识的机会，让人和人之间建立了弱关系，通过这个方法就能够使消息的传播更为迅速和广泛。

从这里不难看出，强关系的主体是人，强化的是人与人之间的社会关系，而弱关系的主体则是消息，强化的是消息之间的沟通与传播。所以，很多平台都开始把信息、知识、内容作为中介，将对特定信息内容有共同兴趣的用户连接起来，并逐渐形成一个特定的圈子。

很多时候关系强度无法直接测量。这时，相似度往往可以间接测量社交媒体中人与人之间的关系强度。例如，可以通过以下方式来测量关系强度。

第一，基于联系（contact）的关系强度。根据用户之间联系的结构特征，如共同朋友的数量，可以描述关系强度。例如，用户A和B有着更多的共同好友，那么用户A和B有更高的相似度，他们有更强的关系。

第二，基于属性（attribute）的关系强度。根据节点属性的相似程度，如兴趣、态度等，可以描述它们的关系强度。例如，用户A和B有更多的共同爱好，那么用户A和B有更高的相似度，他们有更强的关系。

第三，基于用户行为（user behavior）和偏好（preference）的关系强度。用户在社交媒体上的行为和偏好也可以反映他们的相似度，从而描述他们的关系强度。例如，通过用户对商品或事物的评分、转发、收藏（保存）等行为，可以精确得到用户的偏好，偏好一致的用户相似度更高，有更强的关系。此外，用户的评论、点击、页面停留等行为也可以在一定程度上反映用户的注意力和偏好。

相似度虽然可以用来测量关系强度，但两者是独立的概念。关系强度和相似度的含义和应用总结如表 7-1 所示。

表 7-1　关系强度与相似度的差异

度量指标	含义	应用
关系强度	个体间联系的紧密程度（如交流的频率、交流的时长）	决定了一个关系的强/弱及其他隐藏的信息
相似度	个体在某些属性方面的相似程度（如兴趣、态度）	决定了哪些个体可以组成社区、进行内容推荐及其他隐藏的关系

🔍 案例 7-1：Twitter 上的人与社交机器人之间的互动（社会网络中的强弱关系应用）

社会是非常复杂的，并且人们往往会因为持有截然相反的观点而被分为对立的亚群。在社交媒体中，人类用户之间观点的不同会导致亚群之间的冲突，社交机器人（软件控制的社交账户）的行为也会影响到亚群之间的冲突。Stella、Ferrara 和 De Domenico（2018）利用 Twitter 上关于事件A的近 100 万账户生成的近 400 万帖子生成了社交媒体网络，并利用社交媒体中的强弱关系确定不同亚群的网络核心，在此基础上进行分析，发现社交机器人会发布大量偏激性的内容，增加人们对负面和煽动性内容的接触，从而加剧在线社会网络上不同亚群之间的冲突。

作者获取了 2017 年 9 月 22 日至 2017 年 10 月 3 日 Twitter 上的数据，并对此加以研究。首先，作者利用前沿技术（机器学习）识别出社交机器人账户，大约 1/3 的账户被发现是社交机器人账户。其次，作者对人类账户和机器人账户的使用量、使用模式及其之间的互动进行了探索，发现人类账户大部分互动还是和人类账户互动（76%），机器人账户与人类账户之间的互动大部分情况下由机器人账户发起，占总互动比例的 19%。在整个事件期间，人类账户和机器人账户的使用模式或使用量较为相似，机器人账户的发帖量占总发帖量的 23.6%。

接下来，作者又对所有社交媒体账户的互动帖子的情感值进行了分析，发现针对机器人账户的互动基本处于中性（情感得分趋近于 0），而针对人类账户的互动，情绪有较强的正面/负面的趋势，因此分析的重点应当落在人类账户为受众的互动中。在事件发生之后，针对人类用户的互动帖子的情感值急剧下降。在事件发生当天，可以发现人类与人类之间消极的言论从早晨 7:00 就开始散播，而积极的言论直到中午 12 点才开始传播；而机器人账户对人类账户的消极言论一直在进行散播，直到中午 12 点积极言论盛行，这类互动的情感值才开始慢慢回升。

为了确定社会网络中对立亚群的存在，该研究采用社会网络结构中强弱关系的概念来确定对立亚群的核心，并以此生成推特核心网络（Twitter core network, TCN）。根据前人的文献，作者认为同亚群内部人们互相转发消息被认为是一种内部认同的行为，而不同亚群间几乎不会存在这样的行为。如此，确定一个转发数量的阈值可能可以作为判断的标准，但是仅考虑转发数量的阈值可能因为阈值的小改变而产生大的结构变化，因此，本文采用社会网络中的强弱关系来解决这个问题。本文中强关系定义为：用户使用的 Twitter 账户在规定的时间节点内至少有一个转发，并且至少有另一种类型的交互（回复、艾特等）。核心网络的生成可参见文章原文。

有了核心网络，接下来的研究便可以顺利开展。作者发现，第 1 组中人类账户对机器人账户的交互行为要比第 2 组中多 100 倍，说明在第 1 组中社交机器人账户的影响力更大。紧接着，作者对核心网络中账户的中心度进行了分析，发现人类账户的中心度是机器人账户的 1.8 倍，说明机器人账户倾向于从社交媒体系统的外围采取行动。同时，人类账户来源于机器人账户的交互入度与来源于人类账户的交互入度是正相关的，说明机器人账户倾向于与亚群中最核心的、联系最紧密的人类账户互动。紧接着，作者对两种亚群中账户交互的情感进行了分析。第 1 组中账户交互的总体情绪是负面的，第 2 组中则恰恰相反，这说明第1组中负面情绪的交互是大家所认可的方式。机器人账户与人类账户交互的数量和情绪反映了机器人账户发挥作用的社会传染机制，即通过利用和推广人类生成的内容及有相似情绪极性的内容，提高机器人账户的被认可度。通过这种方式，机器人账户在第1组中曝光的负面情绪内容，很有可能加剧在线社区的社会冲突。

最后，该文作者根据帖子内容生成了标签网络，发现不同的话题在第1组和第2组中有不同的表现。对第1组而言比较重要的概念或话题，可能在第2组中则是比较边缘的、不受人重视的话题。说明第1组和第2组由持对立观点的人群组成，由此可以判断两组亚群的群体属性。

[资料来源：STELLA M, FERRARA E, DE DOMENICO M. Bots increase exposure to negative and inflammatory content in online social systems. Proceedings of the National Academy of Sciences, 2018, 115(49): 12435−12440.]

第二节　基于社交媒体网络关系的推荐

社交媒体网络作为信息的渠道在信息传播方面发挥着巨大的作用。越来越多的人将个人生活转移至社会网络，网络中的信息对人们求职、观影娱乐、生活购物、政治参与都有重要的影响，研究网络中的信息传播能为社会网络分析提供手段。其中，利用网络信息实现个性化推荐是社交媒体网络关系的一个重要应用，它是指通过大数据分析、挖掘用户行为，推测用户的个性化需求和偏好，把用户可能感兴趣的信息或产品推送给用户。

推荐算法是实现个性化推荐的核心。推荐算法的研究起源于20世纪90年代，常用的推荐算法主要包括协同过滤算法（collaborative filtering）、K近邻算法（K-nearest neighbor）、关联规则算法等。本节主要介绍基于相似性度量的两种典型算法——协同过滤算法和K近邻算法。

一、协同过滤算法

（一）基本流程

协同过滤算法是推荐系统中最常使用的一种技术。许多网站，如亚马逊、YouTube和Netflix，都使用协同过滤算法作为其复杂的推荐系统的一部分。协同过滤算法的基本原理是通过收集许多用户的偏好和行为数据并分析其相似性（协同），对用户可能感兴趣的内容进行预测（过滤）与推荐。也就是说，协同过滤算法可以根据用户A的相似用户B的兴趣，来向A推荐产品。它基于这样一种基本假设：如果用户

A和B在某件事的评价上达成一致（即偏好相同），则他们在另一件事上也有可能达成一致（相比于随机用户，A更有可能和B有相同的偏好）。例如，用户A和B都关注过化妆品、服装相关内容，那么，协同过滤算法可能会认为A和B相似度较高，并将用户B关注的商品推荐给A。一般来说，协同过滤算法的基本流程如下。

首先，用户对项目或商品评分，这种评分表达了用户对相应项目或商品的偏好和兴趣。

其次，算法对用户评分的相似度进行分析，找到"相似用户"。

最后，对于相似用户，推荐其中一方感兴趣但另一方尚未关注的项目。

（二）类型

协同过滤算法主要包括以下两种**类型**（见图7-1）。

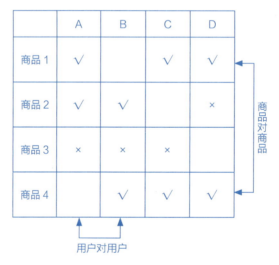

注："√"表示用户对商品的喜欢，"×"表示用户对商品的不喜欢。

图7-1　推荐系统中的协同过滤算法示意

基于用户的协同过滤算法（user to user，用户对用户）：从用户视角，计算用户与用户之间的相似度并加以推荐，即给用户推荐和他们相似的用户喜欢的产品。

基于商品的协同过滤算法（item to item，商品对商品）：从商品视角，计算商品与商品之间的相似度并加以推荐，即给用户推荐和他们之前喜欢的产品相似的商品。

我们使用以下案例，来说明两种协同过滤算法是如何在推荐系统中发挥作用的。

1.基于用户的协同过滤算法

通常，基于用户的协同过滤算法会按照以下步骤进行（见图7-2）。

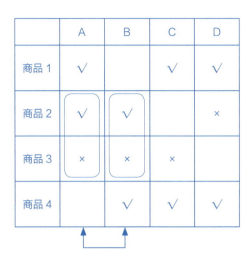

	A	B	C	D
商品 1	√		√	√
商品 2	√	√		×
商品 3	×	×	×	
商品 4		√	√	√

注："√"表示用户对商品的喜欢，"×"表示用户对商品的不喜欢。

图 7-2　基于用户的协同过滤算法示意

（1）先找到相似的用户，因为他们拥有相似的偏好和品位。

（2）根据用户之间的相似度，做出推荐。

可以发现用户A和用户B相似度最高，因为他们都喜欢商品2并且讨厌商品3，说明他们有相同的品位，而用户A喜欢商品1，所以我们决定把商品1推荐给用户B。

根据上述例子，我们可以运用下面的公式来预测用户 u 对商品 i 的喜好程度，即

$$pred(u,i) = \bar{r}_u + \frac{\sum\limits_{v \subset neighbors(u)} sim(u,v) \cdot (r_{vi} - \bar{r}_v)}{\sum\limits_{v \subset neighbors(u)} sim(u,v)} \qquad (7\text{-}1)$$

其中，$neighbors(u)$ 表示用户 u 的相似用户的集合，$sim(u, v)$ 表示用户 u 和用户 v 的相似度，$\bar{r}_u$ 是用户 u 对所有评价物品的评分的平均值，r_{vi} 是用户 v 对商品 i 的评分，$\bar{r}_v$ 是用户 v 对所有评价物品的评分的平均值。

基于用户的协同过滤算法的基本假设是用户会喜欢那些和他有相同喜好的用户喜欢的物品，但如果一个用户没有相同喜好的朋友，或用户追求标新立异，那该算法的效果就会很差。因此，一个用户对基于用户的协同过滤算法的适应度与该用户有多少共同喜好用户成正比。

2.基于物品的协同过滤算法

通常，基于物品的协同过滤算法会按照以下步骤进行（见图 7-3）。

	A	B	C	D
商品 1	√		√	√
商品 2	√	√		×
商品 3	×	×	×	
商品 4		√	√	√

注："√"表示用户对商品的喜欢，"×"表示用户对商品的不喜欢。

图 7-3　基于物品的协同过滤算法示意

（1）先找到相似的物品，它们被同样的用户喜欢。

（2）根据物品之间的相似度，做出推荐。

我们发现用户 C 和用户 D 都喜欢商品 1 和商品 4，也就是说商品 1 和商品 4 相似度较高，因此喜欢商品 4 的用户通常来说也会喜欢商品 1。基于此，我们认为商品 1 应该被推荐给用户 B。

根据上述例子，我们可以运用下面的公式来预测用户 u 对商品 i 的喜好程度，即

$$pred(u,i) = \frac{\sum\limits_{j \in relateditems(u)} sim(i,j) \cdot r_{ui}}{\sum\limits_{j \in relateditems(u)} sim(i,j)} \qquad (7-2)$$

其中，$relateditems(u)$ 表示用户 u 已评价的物品的集合，$sim(i, j)$ 表示商品 i 和商品 j 的相似度，r_{ui} 是用户 u 对商品 i 的评分。

基于物品的协同过滤算法的基本假设是用户会喜欢和他以前喜欢的物品相似的物品，因而可以计算一个用户喜欢的物品的自相似度。如果用户历史购买的物品自相似度小，就说明这个用户的喜好习惯并不满足基于物品的协同过滤算法的基本假设。因此，这类用户对基于物品的协同过滤算法适应度较低，做出合适推荐的可能性较小。

二、K 近邻算法

K 近邻（K 最近邻）算法是最简单的分类算法之一，是一种非参数的监督学习算法。K 近邻算法假定新的数据与现有数据之间的相似性。它的原理是，一个样本按照其邻居的多数投票（majority voting）进行分类，该样本被分配到其 K 个最近的邻居中

最常见的类别。当运用 K 近邻算法进行分类时，输入的是数据集中最接近该样本的 K 个训练样本，输出的是待分类数据的类别。

如图 7-4 所示，图中心的圆点表示待分类数据，正方形和三角形分别代表已经分类（打标签）的数据。要使用 K 近邻算法给圆点分类，首先需要选定邻居数量 K（K 是一个正整数，通常较小）。

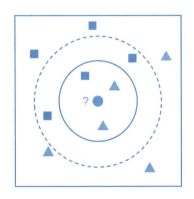

图 7-4　K 近邻算法

如果 $K = 3$，圆点最近的 3 个邻居是 1 个正方形和 2 个三角形，三角形相对较多，则圆点待分类数据判定为三角形类别。

如果 $K = 5$，圆点最近的 5 个邻居是 3 个正方形和 2 个三角形，正方形相对较多，则圆点待分类数据判定为正方形类别。

因此，K 近邻算法的核心思想是根据待分类数据在特征空间中的位置特征，按照其周围 K 个相距最近邻居的权重将其归为权重更大的一类。K 近邻分类算法的函数是局部近似的，即只根据最邻近的一个或几个邻居的类别来判定待分类样本的类别，因此对数据的局部结构很敏感。

一般的 K 近邻算法可以按以下步骤进行。

（1）选择邻居的数量 K。

（2）计算与邻居的欧氏距离。

（3）根据计算出的欧氏距离，选出 K 个最近的邻居。

（4）在这 K 个邻居中，计算每个类别中的数据点的数量。

（5）将待分类的数据点分配给邻居数量最多的那一类。

章末案例

Facebook上用户与社会共享新闻的互动

由于社交媒体推荐算法被引入，人们看到的信息不再是同质的，而是根据个人偏好定制推送的，如Facebook采取特定算法来决定用户看到的信息流[①]（news feed）。尽管这增加了内容的个性化程度，但另一方面，算法自动过滤用户不感兴趣的内容，限制了用户获取信息的多样性，导致人们的观点和见解愈发极端化，从而形成一个只听得到自己声音的"回声室"。

Bakshy、Messing和Adamic（2015）则得出了不同的结论。作者发现导致回声室效应的主要原因并非Facebook的排名过滤算法，而是用户自身对于信息的选择。在Facebook平台，信息的流动是由社会网络的连接方式决定的，朋友的观点可能影响用户自身的观点。研究人员基于Facebook 平台的1010万个用户的社会网络数据和信息流数据，通过用户自行汇报及他们发布的内容来衡量用户的倾向，并基于此量化信息流排名算法影响用户观点两极化的程度。研究发现，尽管Facebook的排名过滤算法在一定程度上降低了对立观点的曝光，但人们自身对于信息的选择更大程度上制约了他们接受对立的观点。

[资料来源：BAKSHY E, MESSING S, ADAMIC L A. Exposure to ideologically diverse news and opinion on Facebook. Science, 2015, 348(6239): 1130−1132.]

● 本章小结

本章主要学习了以下内容。

1. 强关系和弱关系

强关系是指与家庭和朋友等亲密圈子里的人的关系，弱关系是指和联系不频繁的人的关系。两个人的朋友网络的重叠程度直接与他们之间的关系强度有关。在社会网络中，弱关系可能比强关系更有影响力，因为强关系通常存在于具有较高相似性的群体之中，他们不太可能带来新的信息和观点。

2. 协同过滤算法

协同过滤算法的基本原理是首先从目标客户中寻找其类似客户，再根据类似客户的偏好进而挖掘出目标客户的偏好。主要包含两种算法：基于用户的协同过滤算法，即从用户视角，计算用户与用户之间的相似度并加以推荐；基于物品的协同过滤算法，即从商品视角，计算商品与商品之间的

---

① Facebook 信息流是一个内容聚合器，它将用户主动关注的好友组合在一起，将他们的动态持续更新推送给用户。当然，信息流中也会穿插一些广告。

相似度并加以推荐。

3. K 近邻算法

K 近邻算法的基本原理是一个样本通过其邻居的多数票进行分类，该样本被分配到其 K 个最近的邻居中最常见的类别中。由于只根据最近的一个或几个邻居的类别来判定待分类样本的类别，因此对数据的局部结构很敏感。

● 关键词

强关系（strong ties）   协同过滤（collaborative filtering）

弱关系（weak ties）   K 近邻算法（K-nearest neighbor，K-NN）

● 复习题

1. 什么是弱关系理论？哪种关系更有影响力，为什么？
2. 协同过滤算法分为哪两种，它们的步骤是什么？
3. K 近邻算法的步骤是什么？

第八章

社会网络随机图模型

【学习目标】

当阅读完本章时，你将能够：

1. 解释什么是网络随机图模型。

2. 相较于以前的图模型，比较分析随机图模型的核心特点。

3. 解释什么是指数随机图模型。

4. 熟悉构建一个指数随机图模型的核心步骤。

5. 熟悉常见的指数随机图模型。

⊂ 开篇案例

在线社区中用户的交互模式

B站是趣缘特征突出的在线视频社交平台，其中的社群成员交互模式对于进一步的消费转化具有重要价值。研究人员从社会网络视角出发，采用指数随机图模型，基于互动评论主题与情感来探究B站核心互动网络的生成。其中，核心互动网络具有互惠性、传递性和闭合性等特征。研究人员发现，相同主题和情感的成员间更容易相互评论，情感对立的成员间互动程度较高，可见指数随机图可以为B站趣缘内容的创作及社群运营提供实践思路。

随着互联网的发展，像B站这样的大型在线社区涌现出来，如在线交友、百科全书、知识问答等，在线社区是人们相互交流信息的便利平台。细心观察的人会发现，用户在一个社区中会呈现出许多有意思的状态，这些状态可能与已有的社会心理学的理论机制高度吻合。在任何一个时间节点，通过观察一个社区中的用户的交互或通信情况，会发现网络都会呈现出某一种特定的结构。基于观测到的网络结构来研究社区是如何自我维持和发展、社区中的成员呈现出何种互动模式是十分重要和有意义的。在过去的几十年中，研究者开始广泛地使用随机图模型，特别是指数随机图模型，对在线社区网络中的交互模式进行分析，来增进我们对在线社区中用户参与动态和交互模式的理解。总之，随着随机图模型的发展，指数随机图模型在实证研究中被广泛采用，用于检验关于网络结构形成过程中的理论假设。

（资料来源：房祥静．B站趣缘社群互动网络的结构特征及影响因素研究．北京：北京邮电大学，2024．）

第一节　网络随机图模型的作用和原理简介

一、网络随机图模型的作用

前面章节中介绍了许多衡量网络结构的指标，如中心度、聚类系数、相似度等。这些指标可以为我们在某一个特定时间截面上来理解一个观测到的网络结构提供重要的帮助。但是，在很多情况下，我们想理解所观测到的网络的形成过程或者影响网络形成过程的重要机制。更具体一点来说，给定一个网络的 N 个节点，为何在现实生活中观测到的网络结构显示某些节点之间形成了链接、某些节点之间没有形成连接，或者为何不呈现另外某种不一样的网络结构呢？回答这个问题可以为我们理解网络节点之间的互动模式提供重要的信息。特别是当研究的网络是关于人与人之间的社交网络时，探究网络结构的形成过程可以成为我们研究一些社会性机制和理论[如人与人之间的互惠互利（reciprocity）]的重要基础。

当网络节点达到一定数量时，节点间边的数量会呈指数级增长，研究网络结构的形成过程因此变得十分复杂。通过建立非随机的确定性（deterministic）模型的方法已经被前人证明有诸多局限，而通过构建随机的统计模型（stochastic statistical model）的方法逐渐成为主流。这样的方法被统称为"随机图模型"（random graph model）。随机图模型的流行主要是因为现实生活中决策和行为是极其复杂的过程，其中有许多的因素和机制在同时发挥作用，而且还会受纯粹随机性（如"运气"）的影响。随机图模型允许我们在围绕一个或多个理论机制建模时将随机性（randomness 或 stochasticity）对网络结构产生的重要影响考虑进来，这样的建模方式更贴近现实，因此得到了更广泛的应用。

二、随机图模型的发展历史

随机图模型最早起源于数学中图论（graph theory）的一个小分支，现在已经发展成较为活跃的领域。对随机图的研究最早可追溯到 1959 年匈牙利数学家保罗·埃尔德什和阿尔弗雷德·雷尼提出的 $G(n, m)$ 随机图模型，现一般简称为 ER 随机图模型（Erdös-Rényi model）。在此模型中，$G(n, m)$ 为 n 个节点以相等的概率随机生成 m 条边后所形成的一簇网络。而后，埃德加·吉尔伯特提出 $G(n, p)$ 随机图模型。在 $G(n, p)$ 中，

n个节点上的每条可能生成的边都以恒定的概率p独立出现。因此，$G(n, m)$模型固定了链接总数m，而$G(n, p)$模型固定了两个节点相连的概率p，其中，n和p并不唯一决定一张图，还需经过一系列的随机生成过程，其他网络特征在$G(n, p)$模型中也更容易计算，由此得到某张特定的随机图的概率为$p^m(1-p)^{n-m}$。

在早期的这些随机图模型中，对随机模型的处理较为简单，即将每对节点相互独立地连接起来。经典ER随机图在一个有n个节点的集合上，以恒定的概率连接每条潜在的边。正因为如此，经典的ER随机图模型虽然具有开创性的意义，但在实际应用中有较多的局限。其局限性包括：①经典ER模型生成的随机网络服从泊松分布，但现实网络的度分布明显偏离了泊松形式，更多的是服从幂律分布的，即对度分布的横纵轴取对数会发现它们呈现线性关系。②现实社会网络具有极高的聚类系数，这与经典随机图中常常是10的负4次方、负5次方的聚类系数不在一个量级上。③现实社会网络常常会有一个超大的连通分量，通常涵盖网络中绝大部分的节点，但ER随机图模型不能生成局部聚集和三元闭合等现实中常见的网络结构，因为ER随机图假设网络中两个节点以恒定、随机且独立的概率彼此相连。④ER随机图模型不能很好地解释中心节点（hub）的构成，而这是理解现实网络结构的重要信息。

针对ER随机图模型的局限性，后续的研究进一步地发展和改进了此模型。1981年，Holland和Leinhardt（1981）引入了一个二元独立依赖的统计模型，即$p1$模型，该模型是第一个可以针对网络规模与密度均存在差异的有向网络直接进行比较的模型，推进了利用分布的指数家族来判断观测网络的概率，但该模型依然没有超越二元关系。1986年，Frank和Strauss（1986）利用指数家族分布，将马尔可夫依赖性假设引入模型，确立了新一代的统计网络模型。Wasserman和Robins（2005）扩展了该模型，并将新的依赖性模型命名为p^*模型。后续的研究在p^*模型的基础上不断提出新的依赖假设，在过去的几十年里，指数随机图模型的研究取得了长足的进展，成为目前社会网络分析中最重要的统计工具，不断展示了自己在社会网络结构特征分析方面的洞察力。

当前数据越来越丰富和可得，指数随机图模型（exponential random graph model，ERGM），也即p^*模型的应用越来越广泛。需要强调的是，本章将重点介绍如何基于现实观测的数据（包括网络结构、节点属性等）来使用指数随机图模型，也可以理解为数据驱动的指数随机图模型的应用。

更具体来说，研究者基于现实应用场景，构建相应的指数随机图模型，然后通过收集实际数据来估计所构建的模型中的参数，通过参数的大小和显著性来验证或检验模型构建中所使用的先验假设或理论。需要注意的是，这并非随机图模型的唯一应用目的，随机图模型也被应用于其他重要目的（如仿真模拟），这些并不在本章的介绍范围之内。

第二节　指数随机图模型（p^*模型）

一、指数随机图模型的核心逻辑

实验：指数随机图模型（p^*模型）

如同所有随机图模型一样，指数随机图模型的基本假设是网络结构的生成是一个随机的过程。在某一时间点所观测的网络结构（observed network structure）是一个随机过程所导致的某一个结果，而且这个结果是众多可能的结果中的一种。这个随机过程并不可知也无法被直接观测（只能观测到这个随机过程所产生的结果，即某个特定的网络结构）。研究者通过建立合理的统计学模型来模拟这个随机过程，以此来研究网络结构的形成机制。

需要特别强调的是，在模型构建过程中，可以加入一些有理论支撑的假设来指导模型的构建。特别是在研究社会化网络形成的过程中，借鉴的理论可以来自不同的学科，如心理学、社会学、经济学等。比如，Faraj和Johnson（2011）研究了网络社区中的社交模式是否会呈现以下 3 种趋势：直接互惠（direct reciprocity）、间接互惠（indirect reciprocity）和偏好连接（preferential attachment）。这 3 种模式都有成熟的社会学和经济学理论作为支撑。这两位研究者利用指数随机图模型来实证验证这 3 种模式在社会网络结构中的显著程度。虽然先验理论的加入并不是必需的，但正是由于其存在才使得指数随机图模型在社会科学研究中应用得越来越普遍。

建模过程基于的理论假设将直接反映在模型中的参数（parameter）中。例如，在前面所讲的例子中，如果网络社区成员的交互过程呈现出较强的互惠互利的趋势，那么模型中也应当有相对应的参数来反映这一趋势。同理，如果理论上期待偏好依附是很显著的模式，那么模型中也需要有相对应的参数来反映。根据理论假设所构建的参数化的模型可以帮助我们来量化具有某种特征的网络结构在现实生活中出现的可能性（likelihood）。

技术上，在针对一个社会网络建模时，会将节点数量固定，而边（节点间的连接）的数量是不定的。所有可能的网络结构的可行域（range），即所有节点间连接的所有可能情况，是通过一个概率分布（probability distribution）来表征的，而这个概率分布就是建模过程的核心。根据这样的概率分布，可以计算每一个特定的网络结构会出现的概率，包括实际观测数据中所呈现的网络结构。

需要注意的是，模型中的参数是未知的。如果知道这些参数的真实值或者有很有

权威性或被广泛认可的值可供参考，那我们就已经清楚网络形成的过程，问题就已经解决了。可见，建立好参数化的模型之后，接下来最重要的一步就是根据实际观测数据来估计模型的参数。这里参数估计的核心方法就是广泛应用的最大似然估计（maximum likelihood estimation）。最大似然估计的核心逻辑是以观测到的数据中的网络结构为指导，通过特定的方法来寻找一套参数使得建立的模型产生的网络结构与观测的网络结构相符合（fit）的概率最大。

因此，如果前期建模中基于的理论机制确实在现实生活中发挥了显著作用，那么包括了该理论机制（如互惠互利或者偏好连接）的模型要比不包括该理论机制的模型体现出与实际数据更好的契合度（model fitness），同时前一个模型中与该理论机制相对应的参数被估计出来后也应该是显著。相反，如果前期设想的理论机制其实在现实生活中并没有显著的影响，那么包括了该理论机制的模型就不会比不包括该理论机制的模型体现出与实际数据更好的契合度，其对应的模型参数也不会显著。这样我们就可以通过实际观测数据来验证一些社会化网络结构形成过程中的理论机制。

二、构建指数随机图模型的核心步骤

为一个社会网络构建一个指数随机图模型并收集实际观测数据来估计模型参数一般需要以下几个关键步骤。

首先，将网络中每一个两节点间的连接（tie）看成是一个随机变量。如前所述，通过这样的方法来反映现实生活中一个连接的形成受到多种因素（包括运气）的影响，模型并不能将这些因素都囊括进来，我们将研究目标之外的影响因素统一归类为"噪声"（noise），这可以让我们聚焦于核心关注的影响因素（理论机制）。

在模型中，可用如下符号做表征：对一个有 N 个节点的网络，任意两个节点 i 和 j 之间连接的形成由随机变量 Y_{ij} 来表示。如果节点 i 和 j 之间有连接，那么 $Y_{ij}=1$；如果节点 i 和 j 之间没有连接，那么 $Y_{ij}=0$。Y_{ij} 的某一观测值由 y_{ij} 来表示。对无向图，$Y_{ij}=Y_{ji}$，而对有向图，$Y_{ij} \neq Y_{ji}$。最后，我们用一个 $N \times N$ 的矩阵（记为 Y），来表示整个随机网络（即所有表征每个节点的随机变量的集合），而 y 表示整个网络某一观测值（即所有表征每个节点的随机变量的观测值的集合）。需要指出的是，Y_{ij} 也可以不是 0/1 二分值，这样可以来反映节点之间边的权重。这里为了简洁，只讨论 0/1 二分值的情况。

然后，从先验理论的假设出发，给网络结构加上特定的依赖假设（dependence assumptions），这些依赖假设将会对应产生不同的网络构造（configuration），把网络构造记为 A。网络构造可以理解为从某个依赖假设推导出来的包含某些连接变量的子网络结构（substructure）。所以，依赖假设的制定决定了一个指数随机图模型的具体形式。下一节将详细介绍几种常见的依赖假设。这里我们先介绍指数随机图模型的一般

形式，计算公式为

$$Pr(\boldsymbol{Y} = \boldsymbol{y}) = \frac{1}{\kappa} \cdot \exp\left(\sum_A \eta_A g_A(\boldsymbol{y})\right)$$ （8-1）

其中，η_A 是对应于构造 A 的模型参数（即与该构造相对应的依赖假设或先验理论机制）。$g_A(y) = \prod y_{ij} \in {}_A y_{ij}$ 为构造 A 的网络统计量（network statistic）。从此定义可知，如果构造 A 在网络 y 中能够被观测到，则 $g_A(y)=1$；否则 $g_A(y)=0$。K 为正则化系数，确保概率始终保持在 0 到 1 的范围内。在一个社会网络中，可能的构造很多，因此需要通过依赖假设来缩小范围，聚焦于那些与研究目的相关的构造。

最后，我们利用实际观测数据来估计模型的参数。为了减少需要估计的参数，一般还需要额外加上一些限制条件，否则模型参数过多将导致无法估计。其中，同质性假设（homogeneity assumption）被使用较多，即假设属于同一类型构造的参数都相等。例如，在考虑互惠互利的模型中，虽然不同人之间展现互惠互利的倾向性有所不同，但基于模型估计的可行性考虑，一般假设不同人之间的这种倾向性是相同的。虽然估计出来的系数不是最准确的，但可以告诉我们在此网络中节点之间互惠互利倾向性的平均水平。

技术上，基于上面的公式可以计算任何一个图（包括实际所观测到的图）出现的概率，从而可以利用最大似然方法的逻辑来估计模型的参数。实际的估计方法与经典的最大似然估计方法有些差异，具体技术细节本章节不做详细介绍，对更多具体技术细节感兴趣的读者可参见相关论文。

三、常见的指数随机图模型

如上一节所述，依赖假设的选取决定了指数随机图模型的具体形式，而依赖假设的制定可以非常复杂。本节只详细介绍文献中几种常见的依赖假设，也就是常见的指数随机图模型。

（一）伯努利随机图模型

伯努利随机图模型是最简单的指数随机图模型。该模型假设图中每条边都是以特定的概率 p 独立出现的（与经典 ER 随机图模型中的一样），所以与模型相关的构造就是每条边自己。因此，式（8-1）可以具体化为以下形式

$$Pr(\boldsymbol{Y} = \boldsymbol{y}) = \frac{1}{\kappa} \cdot \exp\left(\sum_{ij} \eta_{ij} y_{ij}\right)$$ （8-2）

其中，网络统计量 $g_A(y) = g_{ij}(y) = y_{ij}$ 就是该边是否在图中被观测到的概率。如果进一步加上同质性假设，即 $\eta_{ij} = \theta$ 对所有的 i 和 j 都成立，那么式（8-1）可简化为

$$Pr\left(Y=y\right)=\frac{1}{\kappa}\cdot\exp(\theta L(y)) \tag{8-3}$$

这里 $L(y)=\sum_{ij}y_{ji}$ 就是所观测图中边的数量。θ 决定了一条边被观测到的概率，具体而言 $p=\exp(\theta)/[1+\exp(\theta)]$。

上述的同质性假设是最简单的，我们也可以将其变得更为复杂一点。比如，可以先将整个网络分为两个区块（blocks），然后将同质性假设设置在每个区块上，即如果 i 和 j 都在区块 1，则 $\eta_{ij}=\theta_{11}$；如果 i 和 j 都在区块 2，则 $\eta_{ij}=\theta_{22}$；如果 i 在区块 1 而 j 在区块 2，则 $\eta_{ij}=\theta_{12}$；如果 i 在区块 2 而 j 在区块 1，则 $\eta_{ij}=\theta_{21}$。那么式（8-3）可以表达为

$$Pr\left(Y=y\right)=\frac{1}{\kappa}\exp\left(\theta_{11}L_{11}(y)+\theta_{12}L_{12}(y)+\theta_{21}L_{21}(y)+\theta_{22}L_{22}(y)\right) \tag{8-4}$$

这 $L_{11}(y)$ 里是区块 1 中的边数，$L_{22}(y)$ 是区块 2 中的边数，$L_{12}(y)$ 是区块 1 到区块 2 的边数，$L_{21}(y)$ 是区块 2 到区块 1 的边数。也可以将网络划分为多个区块，具体做法同上。

（二）二元模型

在有向图中有一种常见的模型是二元模型（dyadic model）。二元模型假设每一对二元关系是彼此独立的。基于这样的依赖假设，只需要考虑两种构造：单边（single edges）和双边（reciprocated edges），再加上同一种构造的系数相同这一个同质性假设，式（8-1）在二元模型中具体为

$$Pr\left(Y=y\right)=\frac{1}{\kappa}\cdot\exp(\theta L(y)+\rho M(y)) \tag{8-5}$$

其中，$L(y)=\sum_{i,j}y_{ij}$ 是所观测图中单边的数量，$M(y)=\sum_{i,j}y_{ij}\,y_{ji}$ 是所观测图中双边的数量。如果将同质性假设设置得更复杂一些，可参见应用较多的 p_1 模型（Holland 和 Leinhardt，1981）及 p_2 模型（Lazega 和 Van Duijn，1997）。

（三）马尔可夫随机图模型

由于伯努利随机图模型和二元随机图模型建立在比较强的依赖假设之上，其在现实生活中的应用有诸多局限。在实际应用中，Frank 和 Strauss（1986）提出的马尔可夫随机图模型能够针对更多在现实网络中能够观测到的构造进行建模，在许多应用场景中与现实更贴合。

马尔可夫随机图模型的核心假设是在给定其他所有边的情况下，节点 i 和 j 间的边依赖于所有其他涉及 i 或者 j 的边。节点 i 和 j 也被称为条件依赖（conditionally dependent）。因此，马尔可夫依赖假设可以让我们只需要关注以下这种类型的构造：有两条边拥有共同节点的构造。这一构造其实包含很多种类型，这也是马尔可夫随机图模型现实应用性更强的原因。以无向图为例，马尔可夫模型可以囊括如图 8-1 所示

的几种在现实生活中常见的网络构造。

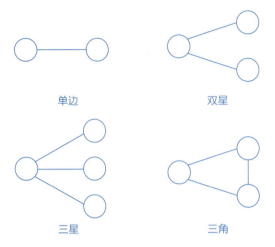

单边　　　　　　　双星

三星　　　　　　　三角

图 8-1　马尔可夫随机图模型在无向图中可囊括的常见网络构造

根据实际情况，研究者还可以在马尔可夫随机图模型中加入更高阶的构造（如四星、五星等），但需要权衡模型的可估计性，因为考虑的构造越多，越能精确模拟现实网络，但同时模型参数会增加，可能会导致模型没法被估计。如果我们针对一个无向图建立一个包含图 8-1 中所有构造的马尔可夫随机图模型，那么式（8-1）可以被具体化为

$$Pr\left(\boldsymbol{Y}=\boldsymbol{y}\right)=\frac{1}{\kappa}\cdot\exp\left(\theta L\left(\boldsymbol{y}\right)+\sigma_2 S_2\left(\boldsymbol{y}\right)+\sigma_3 S_3\left(\boldsymbol{y}\right)+\tau T\left(\boldsymbol{y}\right)\right)\qquad(8\text{-}6)$$

这里 $L(y)$ 是所观测图中边的数量，$S_2(y)$ 和 $S_3(y)$ 分别是图中双星和三星构造的数量，$T(y)$ 是图中三角构造的数量。如果我们建立这样一个马尔可夫随机图模型，那么意味着我们隐性地假设了其他更高阶的网络构造的系数为零。

（四）其他更复杂的模型

已有文献也提出了一些更复杂的模型建立的方法。例如，Pattision 和 Robins（2002）提出了"场景结构"，将社会场景加入依赖假设。这里的社会场景可能是时空的，如同一时间同一地点参加某一个集会的所有人同属于一个场景；社会场景也有可能是社会文化环境意义上的场景，比如同一个社会团体或者组织的人同属于一个场景。

这个方法可以克服马尔可夫随机模型的一个局限：在现实场景中，当网络节点数量变得很多的时候，相隔很远的两个节点可能永远也不能形成连接，但在马尔可夫随机图模型中，任何两点之间都是有一定概率形成连接的。因此，在实际应用场景中，如果某个社会场景是影响社会网络结构形成的重要因素，可以通过这个方法直接反映

在模型中。

另外，马尔可夫随机图模型的一个常见扩展应用是加入节点的属性来探究节点属性对连接的形成有何影响。比如，社会学中一个常见的现象为"同质性"（homophily），即具有相同属性的两个节点更有可能形成连接。我们可以扩展马尔可夫随机图模型，将节点的属性融入模型建立的过程，从而通过最后估计的模型参数来检验这一效应。详情可参见Robins、Elliot和Pattison于2001年提出的社会选择模型（social selection model）。

第三节　随机图模型的应用

实际上，任何一个网络都是该网络节点可能形成的所有网络集合中的一种特殊情况，如果一个网络在某些结构特征上异于集合中随机抽取的其余网络，意味着该网络的实现将受到某些特殊网络构造的影响。指数随机图模型的目的就在于分析出影响某一个网络实现概率的网络构造，找出较为重要的网络局部关系构建过程，因此指数随机图模型中的被解释变量是一个网络出现的概率，解释变量是一系列的网络结构统计量。

网络结构统计量可分为3类，分别是：网络的自组织特征，如网络边数、节点活跃度、节点受欢迎程度、互惠性、闭合性等；与行为者属性相关的结构特征，如具有某种属性的节点的发出效应、接收效应、同配性等；外部环境因素，包括其他相关网络的影响和空间因素等。

🔍 案例 8-1：在线社区中的网络交互模式

Faraj和Johnson（2011）研究了在线社区中不同的交互模型。随着互联网的发展，许多大型在线社区涌现出来，在线社区为开放的通信网络中的信息交流提供了平台，用户在在线社区中的信息交换关系形成了在线社区中的通信网络结构。本案例旨在使用指数随机图模型，对在线社区网络中的交互模式进行分析，比较不同的在线社区中这些结构化交互模式的相对大小和相似性，从而增进对在线社区中用户参与动态和交互模式的理解。

在第二节中提到了3种社会交互模式，分别为直接互惠、间接互惠和偏好连接。直接互惠和间接互惠是社会交换理论的关键要素。互惠对于任何交换过程都十分重要，为他人提供帮助可看作是对自己未来获得他人帮助的投资。以往的研究表明，那些提供帮助的人会期望他们的帮助得到回报，在其他的网络中也发现了直接互惠这一模式。间接互惠又称为广义互惠，是一种以间接连接为特征的交换模式。当一个人的付出不是由接受者直接回报，而是由第三方间接回报时，就会产生间接互惠。间接互惠的产生有 3 个原因：①知识分布的不均性，即以前得到帮助的人可能无法给出相应的回报，如专家帮助新手后，新手不一定能够帮助到专家。②在线社区的帮助条款对所有人都可见，每个人都能够意识到自己的贡献，所以更愿意提供帮助。③许多在线社区强调社区团结和帮助他人的社区规范。

与互惠相反，偏好连接模式并不基于已有的交换，而是新的参与者选择与已经拥有许多良好连接的用户进行互动，偏好连接模式反映了交互的集中，通常被称为"马太效应"，即多者更多。这是一种重要的网络交互机制，通过这种机制，网络中早期进入者的选择可能会影响后来进入者的决定。对于在线互动这样的社交环境来说，许多研究都表明，个人更喜欢与那些高度活跃且明显关系良好的成员进行交流。

如图 8-2 所示，每一种交互模式都对应着一个不同的网络构造。因此，在建立的指数随机图模型中可以针对不同的网络构造（即不同的交互模式）加入各自的参数。通过对一系列模型的比较、评估不同模型的拟合程度来识别出相应网络交互模式的存在程度。模型的 -2 log likelihood (-2LL) 统计量越小，模型越好。同时，模型被评估后也可以给出不同构造的参数大小和统计显著性。

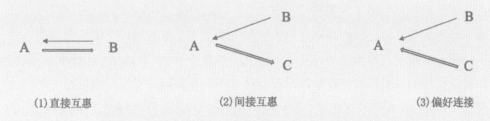

(1) 直接互惠　　　　　　(2) 间接互惠　　　　　　(3) 偏好连接

图 8-2　直接互惠、间接互惠和偏好连接对应的网络构造

该案例首先在模型中纳入全部的参数（直接互惠、间接互惠、偏好连接），然后分别移除其中的一个参数生成对比模型。-2LL 统计量的显著下降说明该网络模式的存在。最终的结果表明，从不包含直接互惠系数的模型到全模型，-2LL 显著下降，而且直接互惠的系数显著为正，因此直接互惠的互动模式显著存在。从不包含间接互惠到全模型，-2LL 显著下降，而且间接互惠的系数显著为正，因此间接互惠的互动模式也显著存在。但是，从不包含偏好连接的模型到全模型，-2LL 显著下降但偏好连接的系数显著为负，因此，在所研究的在线社区中没有表现出积极的偏好连接倾向。

[资料来源：FARAJ S, JOHNSON S L. Network exchange patterns in online communities. Organization science, 2011, 22(6): 1464−1480.]

通过综合以上网络结构变量，指数随机图模型可同时用于检验一系列的网络理论或假设推理，从而可以明确观测网络是否存在自组织行为、网络关系强弱程度是否受行为者属性及其他外部环境因素的影响、网络的局部选择作用是否影响网络的全局结构、在网络形成和发展中是否同时存在多个局部关系构建过程在产生作用等诸如此类的问题。

🔍 案例 8-2：在线医疗保健社区的点赞网络

有学者研究了一个在线糖尿病论坛社区的点赞网络（Song、Yan 和 Li，2015）。这是一个在线医疗保健社区，为糖尿病患者提供关于糖尿病的网络资源。糖尿病患者通常需要对其健康状况进行长期的自我管理（如规律运动、良好饮食、注射胰岛素等）和专业治疗，因此他们热衷于寻求在线医疗社区的支持。在这个论坛上，会员可以讨论各种与糖尿病相关的话题，也可以对自己喜欢的帖子进行点赞或回复。

在在线医疗保健社区中，社会支持对患者而言十分重要，而点赞这一功能可以视作点赞者和被点赞者之间的积极情感支持，通过点赞可以产生同意、欣赏等积极情绪，使被点赞者感觉到被理解且认为自己对他人来说是重要的。因此，了解在线医疗保健社区中点赞关系的产生原因十分重要。

点赞功能与生俱来便具备二元属性，一方是通过点赞来展示自己偏好的人，另一方则是自己的在线内容被其他人点赞的人。当点赞行为发生时，会形成一条从点赞者指向被点赞者的边，从而形成由个体和点赞关系构成的点赞网络。研究者利用指数随机图模型对在线医疗保健社区中的点赞网络进行建模以探究其形成机理，并进行了拟合优度检验，以检验生成的模型与观测网络数据的拟合程度。

考虑到点赞者和被点赞者形成的网络结构和个人属性，研究者提出如下 3 组假设。

假设一：偏好连接（preferential attachment）。在网络中，拥有大量连接的行动者通常被认为是意见领袖或者有影响力的成员，这些中心用户更容易获得新的连接，现有研究也倾向于将偏好连接视为连接形成的一个重要机制。同时，这些中心用户也有更多的动机去贡献内容以维持自己的中心地位。在点赞网络中，节点的入度表示用户收到的点赞数量，节点的出度表示用户给他人内容点赞的数量。因此，患者的入度和出度与点赞关系呈正相关。具体来说，节点出度越大的患者越有可能给不同的用户点赞，节点入度越大的患者也越有可能获得更多用户的点赞。

假设二：过去参与（past involvement）。过去参与指的是患者在过去点赞或者被点赞的经验。过去参与的水平会对之后的参与行为产生积极的影响。有过点赞经历的患者可能更熟悉点赞功能且会更经常地使用点赞功能；而收到很多点赞的患者则被认为具有良好的声誉，他们的内容在未来值得继续信任，这将增加未来被点赞的概率。因此，过去参与会影响点赞关系的形成。具体来说，过去点赞越多的患者越有可能给不同的用户点赞，过去获得点赞数越多的患者越有可能获得更多用户的点赞。

假设三：活跃度（activeness）。活跃度衡量的是用户的参与程度。在线社区中的用户活跃度往往极不均衡，一小部分成员通常更加活跃（创造了更多的帖子），积极的用户更愿意参与在线社区中的点赞行为，同时，他们的积极参与也会提高他们在社区中的知名度，提高他们被点赞的概率。因此，患者活跃度和点赞关系呈正相关。具体来说，越活跃的患者越有可能给其他用户点赞，越活跃的患者也越有可能收到其他用户的点赞。

研究者收集的数据集包括了该论坛 2011 年 11 月 1 日至 2013 年 10 月 31 日期间生成的所有帖子，排除了没有获得点赞的帖子后，最终获得了一个包含 3593 篇帖子的数据集，其中每篇帖子至少获得了一个赞，有 308 位患者参与点赞。该网站还显示了每个会员在注册时间内点赞的数量和获得的点赞数，研究者用此作为过去参与的指标。根据这些数据，研究者构造了一个包含 308 个节点和 2193 条边的有向网络。研究者采用马尔可夫–蒙特卡洛方法进行最大似然估计，以使观测网络的结构出现的可能性最大。指数随机图模型估计的结果中构造的参数显著性表明观测网络中相关构造的存在。结果显示所有假设均被支持。

该研究表明，在点赞网络中，过去收到的点赞数越多、活跃度越高的患者获得的赞数越多；而在一定程度上，过去给出的点赞数越多、活跃度越高的患者更有可能对其他用户的内容点赞。其中，偏好连接相关指标（节点出度与入度）对点赞网络的影响最大，表明网络结构在点赞网络的形成中比个人属性发挥的作用更大。

最后研究者进行拟合优度检验，以检查生成的模型与观测数据的拟合程度。研究者生成了 800 万个模拟网络，并随机采集了 1000 个样本。对样本和观测网络之间的一系列网络统计量进行了比较。拟合优度测试结果显示，观察到的网络和生成的样本模拟网络的统计差异较小，表明建立的指数随机图模型与实际观测网络吻合良好。

[资料来源：SONG X, YAN X, LI Y. Modelling liking networks in an online healthcare community: an exponential random graph model analysis approach. Journal of information science, 2015, 41(1): 89–96.]

由于指数随机图模型是一个生成模型，其目的在于检验哪些结构变量在网络生成过程中所产生的作用更为重要，因此获得一个较为理想的指数随机图模型需要在选择适当的网络统计量的基础上，经过估计、诊断、仿真、比较和改进等多个步骤，以使模型仿真结果逼近实际网络的各种结构特征。

下面通过几个例子来说明指数随机图模型的应用。

⟳ 章末案例

政府微博账号下的用户回复网络

随着Web2.0时代的到来，微博等社交媒体迅速发展。在微博上，用户能够在短时间内大规模发布和分享信息、观点并表达情感，也可以对其他用户所分享的内容进行评论回复。因其广泛的公众参与基础和即时的信息共享能力，微博开始受到政府的青睐，成为公共事务中合法且经常使用的沟通渠道。政府能够通过微博及时了解各种公共事件和活动的进展情况，了解用户对某一政策决策的情绪趋势，以获得对某些政策决策的效果预测，从而有利于提高决策的透明度。

尽管社交媒体在公共事务中发挥着重要作用，但一些在线政府社区仍然缺乏足够的公众回应，从而不利于政策决策。想要促进在线政府社区的良性发展，了解用户在政府社交媒体平台下的交互机制和驱动因素变得非常重要。

Xiong、Feng和Tang（2020）研究了用户之间在政府微博账号下的回复关系，利用指数随机图模型，检验了该回复网络的网络结构和属性，并探究了兴趣相似性和情绪表达对用户回复网络生成的影响。作者从中国10个代表性城市/省份的政府微博中分别挑选出一个最受欢迎的微博账号，收集了这些微博账号下从2018年9月26日至2018年10月12日的数据。经过筛选和处理，构建了一个包含2461名用户和3937条回复的用户回复网络。用户的回复网络用$G=(V, E)$表示；其节点集合$V=\{v_i\}$，节点v_i表示一个用户；边集合$E=\{e_{ij}\}$，$e_{ij}=1$表示在政府发布的微博下用户v_i对用户v_j的评论进行了回复。

根据以往的研究和实际经验，研究者分别从互惠性、传递性、同质性、社会资本、情感效应5个方面提出了一系列假设，以验证这些网络构造和节点属性对用户回复网络生成的影响。

假设一：互惠性。互惠是大部分社交互动中最基本的价值，在有向网络中，互惠可通过双向指向的连接数与所有连接数的比值来衡量。在该用户回复网络中，互惠回复指的是评论在线帖子时，用户 v_i 对用户 v_j 的评论进行回复，而后用户 v_j 至少回复用户 v_i 一次的情况，这是用户之间互动的体现。互惠回复能够为用户之间的情感交流和知识交换奠定良好的基础，可以看作是用户之间一种信息交换的过程。从实际情况来看，政府微博账号发布的帖子下用户往往会互相回复。

假设二：传递性。传递性是社会网络中的一种重要性质，指的是如果两个节点拥有同一个邻节点，那么这两个节点会倾向于产生连接，传递性通常用聚类系数来衡量。社会网络中的传递性不仅反映了三元组的存在，同时也反映了在该网络中结构性事件的发生，使得连接中形成了相互依赖，添加或移除一条边可能会导致一系列的边的增加或移除。简单来说，A 信任 B，B 信任 C，则 A 也会在一定程度上信任 C。这种传递性同样能促进信息在用户间传播，一些公共连接节点会成为信息传播的桥梁。在政府微博的回复网络中，如果用户 A 和用户 D 之间存在间接连接，那么用户 A 可以通过连接用户 D 而形成一个社交聚类。

假设三：同质性。在社会网络中，如果两个节点具有相似性，那么这两个节点更容易产生连接，因此用户同质性可能会影响在线社交媒体上信息传播的社交过程。用户之间的相似性可通过性别、种族、年龄、阶级背景、教育程度、兴趣等不同方面来衡量。在社交媒体中，用户的兴趣可以从用户的历史行为记录（发布/转发/评论的内容等）中进行挖掘，具有共同兴趣的用户可以形成小组，与非小组成员相比，小组中成员将会有更加密切的信息交换和更相似的信息行为。在政府微博平台上，尽管兴趣相似的公民不会被定义为一个群体，但他们可能会相互回复，形成一个无形群体。在这里，研究者主要探索了用户性别和兴趣的同质性是否会促进用户回复网络的形成。

假设四：社会资本。除了人口特征外，个人的社会贡献和社会影响也会影响社会网络的形成。在社交媒体中，用户的粉丝数通常极不均衡，一小部分用户拥有更多的粉丝（如意见领袖），如果用户拥有大量的粉丝，该用户将会在网络中表现出高度的社会影响力，从而更容易吸引他人的注意和互动。除此之外，和前述案例类似，用户在在线社交媒体中进行信息交换的活跃程度也会对社交媒体产生影响，如果用户发布或转发了更多的在线内容，他们被认为具有更高的活跃度，从而会对其他用户产生更多的社会影响，因此他们更有可能获得更多的关注。同时，他们的频繁活跃程度也会增加他们在社交媒体上的可见性，从而增加被回复的概率。在一些专业论坛中，活跃用户有更大的意愿参与到在线社区的活动中来，社会影响力高的贡献者也会自愿将自己的知识和价值进行分享。研究也表明，活跃度高的用户更有可能为他人点赞，少数核心成员贡献了大部分的内容，而一些

社会影响力低的外围成员则较少贡献内容。因此可以预期，用户的社会资本和回复行为正相关。

假设五：情感效应。众所周知，情感对社交媒体具有巨大的影响，情感也能够通过社交媒体进行传播。对社交媒体进行的许多研究发现，具有情感表达（包括积极情绪和消极情绪）的信息将会获得更多的关注和参与，唤起情绪，从而影响用户的社交媒体参与行为。带有极端情绪的用户往往具有更高的舆论领导力，其发布的信息能引发更多关注、参与、反馈和传播。此外，此类用户还倾向于将回复他人作为意见领袖的核心属性，即经常就不同主题提供建议和发表意见的倾向。

研究者建立的指数随机图模型的结果显示，互惠性和传递性相关指标的系数均显著为正，说明在政府微博发布的帖子下，用户倾向于互相回复，而且回复网络具有传递性。对于同质性而言，性别趋同性的系数为负但不显著，表明性别趋同性对于回复网络的形成没有太大作用。然而，兴趣趋同性的系数为正且显著，表明拥有共同的兴趣能够促使用户对其他用户进行回复。

对于用户的个人属性而言，用户收到回复时，粉丝数量、活跃度、情绪极端性的系数显著为正，表明在回复网络中，用户更倾向于对有影响力和活跃度高的用户及意见领袖进行回复。而用户对他人进行回复时，在社交媒体上，有影响力和活跃度高的用户会更少对其他用户的评论进行回复，其系数显著为负。情绪极端性的系数也不显著，这有可能是因为与发布帖子这一行为相比，回复他人评论能获得的用户关注更少，因此对这类用户来说，回复评论并不是那么重要。

最后，研究者进行拟合优度检验，比较了观测网络和模拟网络。结果表明，估计的指数随机图模型与观测的网络结构数据吻合良好。

[资料来源：XIONG J, FENG X, TANG Z. Understanding user-to-user interaction on government microblogs: an exponential random graph model with the homophily and emotional effect. Information processing & management, 2020, 57(4): 102229.]

● 本章小结

本章主要学习了以下内容。

1. 网络随机图模型

网络随机图模型最早起源于数学中的图论，可用于研究网络结构的形成过程，从而理解影响网络形成过程的重要机制。该模型考虑了随机性对网络结构产生的影响，建模方式更贴近现实。

2. 指数随机图模型及其核心逻辑

指数随机图模型是在数据丰富且可得的大数据时代下应用越来越广泛的一种随机图模型，其基本假设是网络结构的生成是一个随机过程。指数随机图模型的建模核心在于通过概率分布来表征所有节点间连接的可能情况，从而计算每一个特定的网络结构出现的概率。在对网络进行建模时，可以加入一些有理论支撑的理论假设来指导模型构建，并直接反映在模型的参数上。

3. 指数随机图模型的构建步骤

构建某个社会网络的指数随机图模型并收集实际观测数据来估计模型参数的步骤如下：首先，将网络中两节点的连接看成随机变量；然后，从基于先验理论的假设出发，给网络结构加上特定的依赖假设并产生相应的网络构造；最后，再根据实际观测数据来估计模型参数，参数估计的核心方法为广泛应用的最大似然估计法。

4. 常见的指数随机图模型

常见的指数随机图模型包括伯努利随机图模型、二元模型和马尔可夫随机图模型。伯努利模型是最简单的指数随机图模型，每条边以固定概率p独立出现。二元模型常见于有向图，假设每一对二元关系都是彼此独立的，只需要考虑单边和双边两种构造。马尔可夫随机图模型的核心假设是在给定其他所有边的情况下，节点i和节点j是条件依赖的，从而能够针对更多现实网络中的网络结构进行建模。

● 关键词

随机图模型（random graph models）	间接互惠（indirect reciprocity）
网络结构（network structure）	偏好连接（preferential attachment）
图论（graph theory）	依赖假设（dependence assumptions）
随机性（randomness 或 stochasticity）	网络构造（configuration）
概率分布（probability distribution）	网络统计量（network statistic）
直接互惠（direct reciprocity）	最大似然估计（maximum likelihood estimation）
指数随机图模型（exponential random graph model）	

● 复习题

1. 网络随机图模型的作用和特点是什么？
2. ER 模型包括哪两种类型的 ER 随机图？
3. 什么是指数随机图模型？其一般形式是什么？
4. 指数随机图模型的核心逻辑是什么？
5. 如何构建指数随机图模型？
6. 请列举常用的指数随机图模型及其依赖假设。
7. 请提出一个现实中的社会网络并思考指数随机图模型可以如何应用在该网络中。

第九章

创新扩散网络模型

【学习目标】

当阅读完本章时，你将能够：

1. 解释什么是创新扩散的宏观模型和Bass模型。
2. 解释空间自相关模型的概念、内涵及其适用的场景。
3. 解释创新扩散模型中加入网络结构信息的方法。
4. 了解创新扩散网络模型中的网络暴露。

⟲ 开篇案例

创新的扩散

近年来，社会网络中的扩散很常见。例如，通过Twitter管理客户的言论扩散越来越普遍，管理客户情绪（尤其在社交媒体上）变得至关重要。因此需要确定在Twitter等社交媒体网站上管理客户情绪的最佳策略。Mousavi、Johar和Mookerjee（2020）构建了一个客户情绪随时间扩散的模型（企业对有情绪客户所发推文的响应策略会影响和控制扩散过程），然后基于客户对美国四大电信服务提供商的Twitter账户表达的情感数据估计模型参数，为该行业的数字客户服务提供参考。

20世纪50年代和60年代初，数百项扩散研究在不同学科领域开展，对各种环境中的扩散过程进行了详细的研究。扩散研究在20世纪60年代初达到顶峰，但是直到最近扩散研究才又重焕生机，因为随着更复杂的网络模型和技术的出现，人们能够更清晰地研究扩散过程，复杂的社会网络也为扩散研究提供了合适的研究场景。Ryan和Gross（1943）的开创性研究表明社会因素是影响创新采纳的重要因素，该研究奠定了扩散范式的基础。

对于新产品、新思想等新兴事物而言，在其刚出现时，不管它们是否具有明显优势，要想得到大众的接受和认可，通常需要经历一个扩散的过程，许多创新往往需要经过数年时间的沉淀才被大众广泛接受。创新扩散理论因此发展起来，以解释这些新思想和新产品如何在社区内部和社区之间传播，对于创新扩散过程的研究也吸引了来自不同领域学者的注意并发展出一系列的创新网络扩散模型。创新扩散（innovation diffusion）相关研究中各种数学和网络模型不断发展。具体包括用于估计扩散速度的宏观模型（macro model）、用于估计创新速度和模仿速度的Bass模型（Bass model）、用于估计相邻节点创新采用（innovation adoption）程度的空间自相关模型（spatial autocorration model）、网络模型中网络结构对扩散过程的影响，以及事件史分析法在网络自相关模型及其扩展中的应用。

[资料来源：MOUSAVI R, JOHAR M, MOOKERJEE V S. The voice of the customer: managing customer care in Twitter. Information systems research, 2020, 31(2): 340−360.]

第一节　创新扩散模型

一、宏观模型和Bass模型

在早期的创新扩散研究中，研究者发现扩散的累积模式近似遵循一个单参数逻辑函数的增长模式，该模型为

$$y_t = b_0 + \frac{1}{1 + e^{-b_1 t}} \tag{9-1}$$

其中，y是创新采用者的比例，b_0代表截距，t代表时间，b_1为待估计的扩散速率参数。通过这个简单的扩散模型，我们可以比较不同创新被采用的增长速率，但该模型的适用性极为有限。Bass（1969），Hamblin、Jacobsen和Miller（1973），Mahajan和Peterson（1985），Valent（1993）对该模型进行了重大改进，将创新扩散的影响因素分为外部影响和内部影响两部分，创建了一个双参数模型，其数学表达式为

$$y_t = b_0 + (b_1 - b_0)Y_{t-1} - b_1(Y_{t-1})^2 \tag{9-2}$$

在该模型中，y是创新采用者的比例；b_0是创新速率系数，即未采用该创新的人通过大众媒体等外部因素的影响，采用该创新的可能性，反映外部因素对扩散过程的影响；b_1为模仿速率系数，即尚未采用该创新的人，受到采用者的影响，开始采用创新的可能性，反映人际交往对扩散过程的影响。

通过比较不同组别或人群的这些速率参数，可以从宏观层面上对影响扩散过程的因素进行研究。然而，这种宏观层面上的建模是不精确的，其前提是完美的社会混合，即每个人都会与他人进行互动（Granovetter, 1978; Van den Bulte和Lillien, 1997），忽略了相互连接的节点之间存在的相同行为的倾向性。在后续的研究中，许多研究人员投入了大量精力试图确定创新是否在相邻地区之间传播，并提出了空间自相关模

型，我们在接下来的部分对该模型进行介绍。

二、空间自相关模型

空间自相关方法被视为测量网络自相关的有效途径，空间自相关模型不仅能够估计扩散速率，还能够衡量各种行为（如疾病流行、农业实践）是否会在相邻区域之间传播。莫兰指数（Moran's I）作为早期的空间自相关指标，可以用来检验空间关联、创新采用的地理聚类等，其表达式为

$$I = \frac{N \sum_{i=1}^{N} \sum_{j=1}^{N} D_{ij}(y_i - \bar{y})(y_j - \bar{y})}{S \sum_{i=1}^{N}(y_i - \bar{y})^2} \qquad (9\text{-}3)$$

其中，N为样本大小，D为距离矩阵，或称为邻接矩阵，y表示创新采用者的比例，S为距离矩阵中距离的总和。莫兰指数能够测量数据中是否存在空间相似性或者空间差异性，取值范围在-1.0与$+1.0$之间，当莫兰指数大于0时，表示数据呈现空间正相关，其值越大空间相关性越明显；莫兰指数小于0时，表示数据呈现空间负相关，其值越小空间差异性越大；莫兰指数为0时，空间呈随机性。

我们可以通过置换法（permutation）来检验莫兰指数是否显著。该方法具体描述如下：假设创新采用行为是随机分布的，基于距离矩阵D和采用者的数量进行置换排列以获得莫兰指数I的多个随机估计量，如果我们计算出的莫兰指数和随机生成的样本估计量有显著差异，则认为莫兰指数是显著的。

空间自相关模型测量的仍是宏观层面的创新扩散，忽略了特定个体的网络位置对创新采用的影响，此外，空间自相关模型也没有显示网络结构如何影响创新扩散。因此，我们将在下一小节介绍用以解决该问题的网络模型。

三、网络模型

网络暴露（network exposure）是网络模型中的关键概念，个人网络暴露（personal network exposure, PN exposure）指的是每个人的网络中针对某一行为提供信息或者施加影响的创新采用者的比例或数量，图9-1展示了有3条直接链接的用户的不同程度的个人网络暴露。一般情况下，由于每个人的创新采用可能性会随着其个人网络暴露的增加而增加，我们可以用网络暴露模型来捕捉网络对扩散过程的影响。

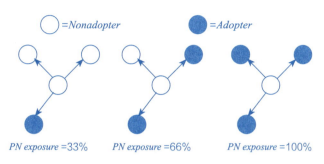

图 9-1 网络中个人网络暴露率示意

个人网络暴露的数学表达式为

$$E_i = \frac{\sum_{j=1, j\neq i}^{N} w_{ij} y_j}{\sum_{i=1}^{N} \sum_{j=1, j\neq i}^{N} w_{ij}} \qquad (9\text{--}4)$$

其中，w_i 为社交网络权重（network weight）矩阵，y 为表示创新采用结果的二值向量。通过直接连接衡量网络暴露能够捕获信息的传递、劝说行为等产生的社会影响。我们也可以通过改变 w_i 的构造方式，利用不同的度量方法来计算网络暴露，以反映其他社会影响过程。例如，可以根据网络结构对等性来构造网络权重矩阵，在该网络中，网络暴露能够反映与同等位置的人进行比较而传递的社会影响。此外，可以根据网络结构属性（如中心度）来构造网络权重矩阵，在该网络中，网络暴露能够反映意见领袖的社会影响。以上所讨论的 3 个社会影响过程分别代表了 3 类不同的网络权重矩阵（关系、位置、中心度）。除了社会影响过程外，也可以从权重赋予机制对社会影响进行研究，例如，在关系影响模型中，可以对不同的连接类型（直接连接和间接连接）分配不同的权重。接下来，我们将对实证研究中网络扩散模型研究的发展和分析方法进行介绍。

🔍 案例 9-1：手机彩铃消费的扩散

随着互联网技术的蓬勃发展，数字产品的扩散已突破了物理空间的限制，互联网的虚拟空间极大地拉近了人们的交流距离，并显著放大了文化等非地理因素对消费者行为的影响。这一变革使得数字产品的扩散过程呈现出全新的规律和格局。基于此背景，本案例深入探讨了数字内容产品扩散中的空间溢出与文化距离之间的关系。

彩铃是移动网络运营商提供的一种数字内容产品，采用这项服务的消费者可将特定的乐曲或个性化录音设置为移动电话的回叫铃音。在 2007 年时，中国的彩铃用户数达到了 2.6 亿，创造出了 120 亿元的收入。为了探究彩铃在中国市场的

扩散过程，董晓松、刘霞和姜旭平（2013）选择了一首彩铃在全国的销售情况作为研究样本来观察数字内容产品完整的扩散过程，该数据样本涵盖了这首彩铃从2009年4月至2010年12月在境内连续80周的销售记录。

研究者首先将中国文化区分为东南部的农业文化和西北部的牧业文化两个文化大区，在基础上再划分亚文化区。东南部农业文化大区可以划分出中原文化区、关东文化区、扬子文化区、西南文化区和东南文化区5个亚文化区。西北部的牧业文化大区可以划分出内蒙古文化区、新疆文化区和青藏文化区。然后将境内省（区、市）根据其地域文化归入8个亚文化区，进而建立起文化空间权重矩阵。此研究采用二元连接矩阵方法，根据省（区、市）在亚文化区中的空间排列确定文化距离，当两个省（区、市）处于一个亚文化区时，则认为它们文化上是相邻的；否则认为它们是不相邻的。公式如下

$$W_{ij}^C = \begin{cases} 1, & i,j \text{ 两地区属于同一亚文化地区} \\ 0, & i,j \text{ 两地区属于不同亚文化地区} \end{cases} \quad (9\text{-}5)$$

网络消费者的消费行为既受到亚文化区内文化差异的影响，也受到亚文化区之间文化差异的影响。因此，研究者选用空间杜宾模型解释数字内容产品消费扩散的空间规律，并依据Bass扩散模型设定了变量，具体模型不在此详述。

图9-2描述了全国范围内已购买这首彩铃的消费者总数随时间变化的分布曲线，这条曲线呈现出不规则的S形，在产品的引入期和衰退期，彩铃的普及速度相对平缓；然而，在产品的成长期和成熟期，其扩散速度则显著加快，这一趋势与新产品、新技术在市场上扩散的一般规律相吻合。

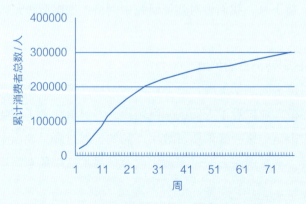

图9-1 彩铃累计消费者总数（全国）分布曲线

研究者进一步对彩铃消费数据进行了全局空间自相关分析，得出的莫兰指数的值为0.2040，说明各省（区、市）的彩铃消费空间相关性比较强，同时通过莫

兰散点图进一步刻画了局部地区的空间集聚性。空间杜宾模型的估计结果显示，数字产品的扩散不仅存在与本地文化特征密切相关的空间固定效应，还显著受到不同文化区域间消费带动作用的影响。特别是文化差异较大的地区间数字产品的扩散效应更为显著。

这个案例展示了数字内容产品扩散中空间溢出与文化距离的重要性。互联网零售商在制定营销策略时，应充分考虑不同地区的文化背景和消费趋势，采取有针对性的营销策略，以促进数字产品的有效扩散。

[资料来源：董晓松，刘霞，姜旭平.空间溢出与文化距离：基于数字内容产品扩散的实证研究.南开管理评论，2013(5)：100-109.]

第二节　实证研究中网络扩散模型的发展

一、网络扩散模型的早期应用

在行为科学文献中，虽然许多学者认为网络暴露和创新采用行为有关，但很少有研究通过追踪社会网络的发展来对这一命题进行实证验证，主要原因可能是缺乏详细的网络扩散数据。因为创新扩散过程往往需要足够长的时间，而长时间的数据在收集上存在诸多困难，因此大多数网络扩散研究都依赖于回顾性数据（retrospective data），这类数据的使用往往会产生一定的偏差。

例如，研究人员通过社会测量技术来收集相关数据，这些数据基于受访者对自身行为的报告和对其同辈行为的报告，因此，社会影响通常也基于受访者对同伴行为的看法或者同辈影响的看法。这与真实的行为可能会有较大的出入。

早期的一些扩散网络研究主要基于截面数据，在许多例子中，回顾性数据也仅仅涉及一个时间点。一般而言，这些统计分析使用以下模型

$$\ln \frac{Pr(y_t = 1)}{1 - Pr(y_t = 1)} = \alpha + \sum B_k X_k + B_{k+1} \omega y_t \qquad （9-6）$$

其中，y 为表示创新采用结果的二值向量，B_k 为社会统计学变量 X_k 的待估参数，ω 为社交网络权重矩阵，ωy_t 表示同期网络暴露的计算值。B_{k+1} 的显著性意味着传染效应的存在，即网络暴露与创新采用相关。然而，在该模型中，由于观测值并不独立，参数估计值通常都是有偏的，解决方法之一是控制聚类（clustering），即对来自同一聚类的元素进行控制。控制聚类对于网络暴露模型十分重要，因为网络选择常常在聚类内发生。控制住聚类效应之后，如果在研究中依旧可以观测到网络暴露和创新采用行为密切相关，更加证实了相关结论的可信度。

此外，一些研究利用多层次模型估计网络暴露（自相关）的参数来衡量跨背景下的传染效应，并评估传染效应在不同研究背景（社区、学校、组织等）之间的变化程度。但是，这些模型使用时需要注意可能存在同时影响创新采用和社会网络连接的因素，因此，个体行为和同伴行为之间的影响关系并不一定存在。通过网络方法检验社会影响至少会涉及两个时间点的纵向数据。如 Boulay 和 Valente（2015）的研究便收集了两个时间点的数据，从而可以检验一个简单的创新采用的动态模型，即

$$\ln \frac{Pr(y_t = 1)}{1 - Pr(y_t = 1)} = \alpha + \sum B_k X_k + B_{k+1}\omega_t y_t + B_{k+2}\omega_{t-1}y_{t-1} \tag{9-7}$$

其中，B_{k+2} 的正向显著性意味着在第一个时间点具有较高的网络暴露的人在第二个时间点会更容易采用创新。B_{k+1} 的正向显著性表明网络暴露与创新采用行为变化有关。当然需要注意这可能意味着传染效应的存在，也可能只是遗漏变量（omitted variables）的作用。

在两个时间点收集的面板数据足以满足大多数研究需求，可以提供网络对行为影响的证据。然而，由于扩散往往需要一定的时间，许多因素可能会导致网络暴露和创新采用行为同时变化，为了解决这一问题，我们可以收集创新采用的每个时间点的有关数据，使用事件史分析方法来进行微观动态分析。

🔍 案例 9-2：互联网协议电视（IPTV）的扩散

新产品扩散一词由美国学者 Bass 在其构建的 Bass 模型中明确提出，认为新产品扩散是在一定时间内，在大众传媒和口碑传播影响下，由率先采纳的少数消费者逐渐扩展为更多消费者的动态过程。本案例以我国互联网协议电视（Internet Protocol Television, IPTV）的扩散为例，让读者更加深入地理解产品扩散的 Bass 模型。

互联网协议电视是一种通过互联网协议提供多媒体交互式业务的电视服务。它支持宽带电视、网络直播、用户点播等多样化内容，并借助网络优势实现更多的互动功能，如电视购物、互动电视、交互通信等。IPTV 业务的发展对中国电信行业具有重要意义，其扩散过程反映了产品在市场上的逐步普及和接受。

如前所述，在基本的 Bass 模型中，创新型产品的扩散速度主要由两个因素决定：一是外部影响，即广告等大众传播方式对产品采纳的推动作用，这类影响主要影响的是早期采纳者（也称为创新者）；二是内部影响，即口头传播或口碑效应对产品采纳的推动作用，这类影响主要影响的是后续采纳者（也称为模仿者）。在后续的扩展研究中，研究者们开始尝试将多种营销变量融入基本的 Bass 扩散模型，以更准确地模拟和预测产品的市场扩散过程。在该案例中，作者将产品价格

和广告因素作为关键变量纳入扩展的扩散模型中，即

$$n(t) = \left\{ p(t)\left[m - N(t) \right] + \frac{q}{m} N(t)\left[m - N(t) \right] \right\} e^{-\alpha^* p(t)}$$

（9-8）

$$p(t) = \alpha_1 + \alpha_2 A(t)$$

其中，$n(t)$为某一时刻的销售量，$N(t)$为某一时刻的累计销售量，$p(t)$表示外部影响的时间序列函数，q表示内部影响系数，m表示产品的最终采用者总数（即最大市场潜力），$A(t)$为某一时刻的广告支出，α_1是通过新闻传播、展览的信息系数，α_2是广告效果系数。

研究者对我国某地2006年9月至2007年6月入网的IPTV用户进行了电话访谈，获取时间窗内每个月的用户入网数，通过专家预测法对m的值进行选取，假设用户入网数等于该地人口的50%，资费α_1和广告效果α_2则取被调查者打分的平均值。对基本Bass模型和拓展Bass模型的结果进行比较后，发现加入价格和广告两个因素后，模型的拟合优度有所提高，表9-1是两个模型的系数。

表9-1　模型比较

IPTV	基本Bass模型	融入价格、广告的模型
扩散系数	0.10556207	0.00967241
创新系数	0.00000318	0.5
广告系数	—	−0.42518181
价格系数	—	0.00000149
拟合优度	0.817	0.825

基本Bass模型显示了对于IPTV而言，扩散系数大于创新系数。广告变量的系数为正，说明广告支出对外部影响是递增的。价格影响系数为负，说明价格的提高对市场容量是递减的。

在综合考虑了两个因素后，模型预测的准确性得到了显著的提升。基于这一模型的预测结果，我们可以对各个因素进行深入剖析。从分析中我们可以清晰地看到，这些因素的影响主要体现在对市场容量、创新潜力和扩散速度的调节上。具体而言，价格作为产品的一个直观表现，其对市场容量的影响尤为显著。而创新潜力则更多地受到产品宣传策略和渠道选择的左右，如广告推广和促销活动，它们的目的在于加快产品的市场渗透，但这种效果通常随着时间的推移而递减。

[资料来源：叶利生.创新扩散理论模型扩展及应用：以某地IPTV为例.管理工程学报，2008(4)：117-120.]

二、事件史分析法

事件史分析法（event history analysis）可以对包含大量时间点的数据进行分析，

分为离散型事件史分析模型和连续性事件史分析模型两种，均通过最大似然法来对系数进行估计。事件史是研究事件发生原因的基础，具有两个特征：截断和随时间变化的解释变量。截断是指所观察的个体在观察的时期内并没有发生变化，但因其他原因而退出观察，或直到观察结束时仍未发生变化，但因研究停止而被中断的个体状态。一般来说，被截断的个体过多，则分析的结果会有较大的偏差。由于扩散是随着时间发生的，事件史分析法能够捕获到扩散研究中的显性时间维度的影响。

事件史分析方法通常要求将数据从简单的观察结果转换成事件—时间的格式，以使每个个体在研究期间的每个时间点都有数据。在每个事件中，创新采用的时间是因变量，会受到随时间变化和不随时间变化的因素的影响。

有许多研究都利用事件史分析法探究了网络暴露和创新采用之间的关系（例如，Marsden 和 Podolny, 1990; Van den Bulte 和 Lilien, 2001），以一项包含 100 个个体的研究为例，每个个体的平均采用时间是 7 天，我们将其转换为 700 个个体—时间的事件，每个事件中会包含该时间点的网络暴露变量和个体创新采用行为的二值向量，以及时常因素（不随时间变化的因素）和时变因素（随时间变化的因素），事件史分析法需要为每个时间段构建网络暴露矩阵。该事件史模型为

$$\ln \frac{Pr(y_t = 1)}{1 - Pr(y_t = 1)} = \alpha + \sum B_j X_j + \sum B_{kt} X_{kt} + \sum B_{k+1} \omega y_t \quad (9\text{-}9)$$

其中，y 为表示创新采用结果的二值向量，B_j 为社会统计学变量 X_j 的待估参数，B_{kt} 为随时间变化的社会统计学变量的待估参数，ω 代表社交网络权重矩阵，t 代表时间点。值得注意的是，这里假设的是一个静态网络。

网络暴露和创新采用之间可能并不总是紧密相关，原因如下。

第一，网络暴露不一定与每个人的创新采用行为有关，在扩散早期，当创新采用者很少，且该创新的优势并没有表现出来时，网络暴露的影响可能较小。到了扩散中期，人们已经意识到了某项创新的相对优势，但仍然对该创新具有较高的不确定性，此时，网络暴露可能对创新采用的影响最大。

第二，每个人的创新采用阈值可能不同，个体在创新采用时所需的网络暴露率可能存在差异，一系列的研究也为该论断提供了支持。

但总的来说，许多研究表明，个人的创新采用行为与网络暴露之间还是存在一定联系的。

目前，我们介绍了创新扩散研究中一些经典的扩散模型，这些模型为新思想和新实践在社区内部和社区之间的传播机制提供了重要见解，但仍面临诸多挑战，如何收集合适的网络扩散数据和发展网络分析方式是未来研究中亟待解决的问题。

⊖ 章末案例

青少年吸烟行为的扩散

　　尽管吸烟的危害众所周知，但青少年吸烟人数仍在以惊人的速度增长。为了理解这一趋势并降低青少年吸烟率，研究者们致力于识别影响青少年吸烟的关键因素。

　　过去的研究表明，同伴的影响在青少年吸烟行为中扮演着重要的角色。但由于大部分研究的数据主要基于青少年对同伴行为的感知，而非同伴真实的吸烟行为，这可能导致对同伴影响作用的过度估计。同时，鲜有研究深入探讨青少年的朋友圈子、学校规范及这两者之间的相互作用如何影响青少年的吸烟行为。例如，边缘学生可能更容易吸烟，而受欢迎的学生则可能在学校内成为吸烟或禁烟行为的倡导者。Alexander、Piazza和Mekos（2001）从相关理论角度出发，深入研究了青少年的受欢迎程度、拥有一个吸烟的好朋友及朋友圈子中吸烟的普遍性等因素与青少年当前吸烟行为之间的关系。

　　研究所使用的数据源自美国全国青少年健康纵向研究的学校样本，涵盖了2525名7～12年级的学生。这些学生来自吸烟率各异的学校。数据包括青少年自我报告的朋友关系、吸烟行为及一系列人口统计学变量。为了构建同伴网络，青少年被要求从给定的学校名单中提名5位男性和5位女性朋友。研究者通过访谈收集了学生的吸烟情况数据，具体询问了学生们过去30天内的吸烟状况。根据这一标准，过去30天内吸过烟的学生被定义为当前吸烟者，而从未吸烟或在30天之前吸过烟的学生则被视为非当前吸烟者。

　　之后，研究者将朋友圈子和吸烟情况数据结合起来，构建了一个名为"同伴网络吸烟暴露"的测度模型。该测度模型计算的是青少年朋友圈子中当前吸烟者的百分比，但排除了他们最亲密的男性或女性朋友。为了更直观地展示这一数据，研究者将同伴网络中吸烟者所占的比例分为3类："同伴网络中无吸烟者""有但小于50%""大于等于50%"。同样地，对于好朋友的吸烟暴露程度，也进行了类似的分类，分为"无好朋友吸烟"和"单方或双方吸烟"两类。青少年的受欢迎程度则是通过他们收到的提名数量来衡量的，并在实际分析中转化为四分位数的形式。学校的吸烟率则是通过汇总该校所有学生的调查结果并除以学校总人数得出的，这一数值范围为5.6%～55%。为了更方便地解释概率比，研究者将学校吸烟率除以10，这意味着每个单位的变化相当于学校吸烟率10%的变动。

除了上述关键变量，研究者还在模型中引入了一系列控制变量，并使用多元逻辑回归来估计模型。考虑到学校内部个体之间的集群效应，研究者采用了多层次混合模型，同时对学校集群进行了控制。在构建模型时，研究者将青少年吸烟的风险作为因变量。在模型 1 中，研究者深入分析了同伴网络的吸烟情况、好朋友的吸烟习惯、青少年的受欢迎程度及学校整体的吸烟率等因素对青少年吸烟行为的具体影响。而在模型 2 中，研究者进一步加入了同伴变量（包括同伴网络吸烟、好朋友吸烟习惯、受欢迎程度）与学校吸烟率的交互项，以更细致地考察在不同吸烟率水平下，同伴的吸烟行为对青少年吸烟概率的影响。表 9-2 详细列出了这些多元逻辑回归的结果。

表 9-2　同伴变量对于青少年吸烟风险的逻辑回归结果

变量	模型 1		模型 2	
	概率比	标准误	概率比	标准误
同伴网络吸烟者比例（<50%）	1.07	0.11	1.03	0.11
同伴网络吸烟者比例（≥ 50%）	1.91	0.36	1.89	0.36
最好的朋友是否吸烟	2.00	0.19	2.01	0.19
受欢迎程度	1.02	0.07	0.76	0.12
学校内吸烟的普遍性	1.73	0.15	1.49	0.15
受欢迎程度 × 学校吸烟普遍性	—	—	1.08	0.04

注：表中所有系数都统计显著。

模型 1 的结果显示了调整后的概率比，在控制了年龄、性别等相关变量后，那些同伴网络中有超过 50% 吸烟者的青少年，其当前产生吸烟行为的概率几乎是没有吸烟者同伴的两倍。此外，如果青少年的好朋友中有人吸烟，他们产生吸烟行为的概率也是好朋友中无人吸烟同伴的两倍。研究还发现，学校吸烟率与青少年当前吸烟的概率呈正相关，即学校吸烟率每上升 10%，青少年当前吸烟的概率就会增加 73%。

在模型 2 的结果中，特别值得关注的是受欢迎程度和学校吸烟率之间的交互项。这一显著的交互效应表明，在高吸烟率学校中，受欢迎的青少年吸烟的风险会进一步增加。这一研究案例凸显了网络暴露对行为扩散的重要性，同时也为遏制青少年吸烟行为提供了重要的启示。在评估相关措施的有效性时，我们必须充分考虑青少年所处的同伴网络环境。

[资料来源：ALEXANDER C, PIAZZA M, MEKOS D, et al. Peers, schools, and adolescent cigarette smoking. Journal of adolescent health, 2001, 29(1): 22−30.]

● 本章小结

本章主要学习了以下内容。

1. 宏观模型和 Bass 模型

宏观模型是一个简单的创新扩散模型，该模型表明扩散的累积模式近似遵循一个单参数逻辑函数的增长模式，可以用来比较不同创新被采用的增长速率，但其适用性极为有限。Bass 模型为双参数模型，从外部影响和内部影响两方面来探究影响创新扩散的因素。这两个模型可以从宏观层面上来研究影响扩散的因素，但没有考虑相互连接的节点之间的行为趋同性。

2. 空间自相关模型

空间自相关模型是测量网络自相关的有效途径，能够估计创新扩散速率和衡量创新是否会在相邻地区之间传播，莫兰指数是最常用的空间自相关指标之一。空间自相关模型测量的是宏观层面的创新扩散，忽略了网络位置和网络结构对创新扩散的影响。

3. 网络模型和网络暴露

网络模型能够捕获网络（如网络位置、网络结构）对创新扩散的影响。其中，网络暴露是网络模型中的核心概念，指的是每个人的网络中针对某一行为提供信息或者施加影响的创新采用者的比例或数量。

4. 网络暴露的衡量方式

在网络模型中，可以利用不同的度量方式计算网络暴露并反映不同的网络影响。常用的计算方式有 3 种：第一，通过节点的直接连接衡量网络暴露，该方式可以捕获信息的传递、劝说行为等产生的社会影响；第二，通过网络结构对等性来计算网络暴露，该方式可以反映与同等位置的人进行比较而传递的社会影响；第三，通过网络结构属性（如中心度）来计算网络暴露，该方式可以反映不同网络属性的社会影响。

● 关键词

创新扩散（innovation diffusion）　　　　莫兰指数（Moran's I）

宏观模型（macro model）　　　　　　　网络暴露（network exposure）

Bass 模型（Bass model）　　　　　　　社会影响（social influence）

创新采用（innovation adoption）　　　　网络权重（network weight）

空间自相关模型（spatial autocorrelation model）

● 复习题

1. 创新扩散网络模型的发展经历了哪些阶段？每个阶段解决了什么问题？

2. 什么是 Bass 模型？

3. 什么是空间自相关模型？

4. 莫兰指数的表达式是什么？如何解读其结果？

5. 网络暴露的定义和衡量方式是什么？

参考文献

ALEXANDER C, PIAZZA M, MEKOS D, et al. Peers, schools, and adolescent cigarette smoking. Journal of adolescent health, 2001, 29(1): 22-30.

ANDERSON C J, WASSERMAN S, CROUCH B. A p^* primer: logit models for social networks. Social networks, 1999, 21(1): 37-66.

ARAL S, MUCHNIK L, SUNDARARAJAN A. Distinguishing influence-based contagion from homophily-driven diffusion in dynamic networks. Proceedings of the national academy of sciences, 2009, 106(51): 21544-21549.

BAKSHY E, MESSING S, ADAMIC L A. Exposure to ideologically diverse news and opinion on Facebook. Science, 2015, 348(6239): 1130-1132.

BAPNA S, BENNER M J, QIU L. Nurturing online communities: an empirical investigation. MIS quarterly, 2019, 43 (2): 425-452.

BASS F M. A new product growth for model consumer durables. Management science, 1969, 15(5): 215-227.

BERGER J. Word of mouth and interpersonal communication: a review and directions for future research. Journal of consumer psychology, 2014, 24(4): 586-607.

BOULAY M, VALENTE T W. Dynamic sources of information and dissonance in the discussion networks of women in rural Nepal. Journal of health communication, 2015(10): 519-536.

BURT R S. Structural holes: the social structure of competition. Cambridge, MA: Harvard University Press, 1992.

BURTCH G, HONG Y, BAPNA R, et al. Stimulating online reviews by combining financial incentives and social norms. Management science, 2018, 64(5): 2065-2082.

CARRINGTON P J, SCOTT J, WASSERMAN S. Models and methods in social network analysis (Vol. 28). Cambridge Eng.: Cambridge University Press, 2005.

CHEN L, BAIRD A, STRAUB D. Fostering participant health knowledge and attitudes: an econometric study of a chronic disease-focused online health community. Journal of management information systems, 2019, 36(1): 194-229.

CHEN W, GU B, YE Q, et al. Measuring and managing the externality of managerial responses to online customer reviews. Information systems research, 2019, 30(1): 81-96.

CHEN Y, HARPER F M, KONSTAN J, et al. Social comparisons and contributions to online communities: a field experiment on MovieLens. American economic review, 2010, 100(4): 1358-1398.

CHEVALIER J A, DOVER Y, MAYZLIN D. Channels of impact: user reviews when quality is dynamic and managers respond. Marketing science, 2018, 37(5): 688-709.

CHEVALIER J A, MAYZLIN D. The effect of word-of-mouth on sales: online book reviews. Journal of marketing research, 2006, 43(3): 345-354.

CHRISTOPHER A. *K*-nearest neighbor.[2023-09-08]. https://medium.com/swlh/k-nearest-neighbor-ca2593d7a3c4/.

CHUNG S, ANIMESH A, HAN K, et al. Financial returns to firms' communication actions on firm-initiated social media: evidence from Facebook business pages. Information systems research, 2020, 31(1): 258–285.

CINELLI M, MORALES G, GALEAZZI A, et al. The echo chamber effect on social media. Proceedings of the National Academy of Sciences, 2021, 118(9): e2023301118.

DE ANGELIS M, BONEZZI A, PELUSO A M, et al. On braggarts and gossips: a self-enhancement account of word-of-mouth generation and transmission. Journal of marketing research, 2012, 49(4): 551-563.

DELLAROCAS C, WOOD C A. The sound of silence in online feedback: estimating trading risks in the presence of reporting bias. Management science, 2008, 54(3): 460-476.

DELLAROCAS C. The digitization of word of mouth: promise and challenges of online feedback mechanisms. Management science, 2003, 49(10): 1407-1424.

DENG Y, ZHENG J, KHERN-AM-NUAI W, et al. More than the quantity: the value of editorial reviews for a UGC platform. Management science, 2021, 68(9): 6865-6888.

EDUNOV S, DIUK C, FILIZ I O, et al. Three and a half degrees of separation. [2023-09-15]. https: // research.fb.com/three-and-a-half-degrees-of-separation/.

FARAJ S, JOHNSON S L. Network exchange patterns in online communities. Organization science, 2011, 22(6): 1464-1480.

FORMAN C, GHOSE A, WIESENFELD B. Examining the relationship between reviews and sales: the role of reviewer identity disclosure in electronic markets. Information systems research, 2008, 19(3): 291-313.

FRANK O, STRAUSS D. Markov graphs. Journal of the American Statistical Association, 1986, 81(395): 832-842.

GALLUS J. Fostering public good contributions with symbolic awards: a large-scale natural field experiment at Wikipedia. Management science, 2017, 63(12): 3999-4015.

GILBERT E N. Random graphs. The annals of mathematical statistics, 1959, 30(4): 1141-1144.

GODES D, MAYZLIN D. Using online conversations to study word-of-mouth communication. Marketing science, 2004, 23(4): 545-560.

GODES D, SILVA J C. Sequential and temporal dynamics of online opinion. Marketing science, 2012, 31(3): 448-473.

GOES P B, LIN M, AU YEUNG C-M. "Popularity effect" in user-generated content: evidence from online product reviews. Information systems research, 2014, 25(2): 222-238.

GOH K-Y, HENG C-S, LIN, Z. Social media brand community and consumer behavior: quantifying the relative impact of user-and marketer-generated content. Information systems research, 2013, 24(1): 88-107.

GOMEZ-SOLORZANO M, TORTORIELLO M, SODA G. Instrumental and affective ties within the laboratory: the impact of informal cliques on innovative productivity. Strategic management journal, 2019, 40(10): 1593-1609.

GRANOVETTER M S. The strength of weak ties. American journal of sociology, 1973, 78(6): 1360-1380.

GRANOVETTER M S. Threshold models of collective behavior. American journal of sociology, 1978, 83(6): 1420- 1443.

GU B, YE Q. First step in social media: measuring the influence of online managerial responses on customer satisfaction. Production and operations management, 2014, 23(4): 570-582.

HAMBLIN R L, JACOBSEN R B, MILLER J L. A mathematical theory of social change. New York: Wiley, 1973.

HENNIG-THURAU T, GWINNER K P, WALSH G, et al. Electronic word-of-mouth via consumer-opinion platforms: what motivates consumers to articulate themselves on the internet? Journal of interactive marketing, 2004, 18(1): 38-52.

HO-DAC N N, CARSON S J, MOORE W L. The effects of positive and negative online customer reviews: do brand strength and category maturity matter? Journal of marketing, 1981, 77(6): 37-53.

HOLLAND P W, LEINHARDT S. An exponential family of probability distributions for directed graphs. Journal of the American Statistical Association, 1981, 76(373): 33-50.

HOMBURG C, EHM L, ARTZ M. Measuring and managing consumer sentiment in an online community environment. Journal of marketing research, 2015, 52(5): 629–641.

HONG Y, HUANG N, BURTCH G, et al. Culture, conformity and emotional suppression in online reviews. Journal of the association for information systems, 2016, 17(11): 737-758.

HUANG N, BURTCH G, GU B, et al. Motivating user-generated content with performance feedback: evidence from randomized field experiments. Management science, 2019, 65(1): 327-345.

HUANG N, HONG Y, BURTCH G. Social network integration and user content generation: evidence from natural experiments. MIS quarterly, 2017, 41(4): 1035–1058.

HUI X, SAEEDI M, SHEN Z, et al. Reputation and regulations: evidence from eBay. Management science, 2016, 62(12): 3604-3616.

IVANOV A, SHARMAN R. Impact of user-generated internet content on hospital reputational dynamics. Journal of management information systems, 2018, 35(4): 1277-1300.

IYENGAR R, VAN DEN BULTE C, VALENTE T W. Opinion leadership and social contagion in new product diffusion. Marketing science, 2011, 30(2): 195-212.

JAIN D C, RAO R C. Effect of price on the demand for durables: modeling, estimation, and findings. Journal of business & economic statistics, 1990, 8(2): 163-170.

KAPLAN A M, HAENLEIN M. Users of the world, unite! The challenges and opportunities of social media. Business horizons, 2010, 53(1): 59-68.

KAWASAKI G, FITZPATRICK P. The art of social media: power tips for power users. London: Penguin, 2014.

KE Z, LIU D, BRASS D J. Do online friends bring out the best in us? The effect of friend contributions on online review provision. Information systems research, 2020, 31(4): 1322-1336.

KHAN M L. Social media engagement: what motivates user participation and consumption on YouTube? Computers in human behavior, 2017(66): 236-247.

KIETZMANN J H, HERMKENS K, MCCARTHY I P, et al. Social media? Get serious! Understanding the functional building blocks of social media. Business horizons, 2011, 54(3): 241-251.

KUANG L, HUANG N I, HONG Y. Spillover effects of financial incentives on non-incentivized user engagement: evidence from an online knowledge exchange platform. Journal of management information systems, 2019, 36(1): 289-320.

KUMAR A, BEZAWADA R, RISHIKA R, et al. From social to sale: the effects of firm-generated content in social media on customer behavior. Journal of marketing, 2016, 80(1): 7-25.

KUMAR N, QIU L, KUMAR S. Exit, voice, and response on digital platforms: an empirical investigation of online managerial response strategies. Information systems research, 2018, 29(4): 849-870.

KUMAR N, QIU L F, KUMAR S. A hashtag is worth a thousand words: an empirical investigation of social media strategies in trademarking hashtags. Information systems research, 2022, 33(4): 1403-1427.

LAZEGA E, VAN DUIJN M. Position in formal structure, personal characteristics and choices of advisors in a law firm: a logistic regression model for dyadic network data. Social networks, 1997, 19(4): 375-397.

LE L H, HA Q A. Effects of negative reviews and managerial responses on consumer attitude and subsequent purchase behavior: an experimental design. Computers in human behavior, 2021(124): 106912.

LEE D, HOSANAGAR K, NAIR H S. Advertising content and consumer engagement on social media: Evidence from facebook. Management science, 2018, 64(11): 5105-5131.

LEE Y-J, HOSANAGAR K, TAN Y. Do I follow my friends or the crowd? Information cascades in online movie ratings. Management science, 2015, 61(9): 2241-2258.

LERNER J, TIROLE J. Some simple economics of open source. Journal of industrial economics, 2002, 50(2): 197-234.

LI C, CUI G, PENG L. Tailoring managerial response to negative reviews: the effectiveness of accommodative versus defensive responses. Computers in human behavior, 2018(84): 272-284.

LI X, HITT L M. Self-selection and information role of online product reviews. Information systems research, 2008, 19(4): 456-474.

LIU M, BRYNJOLFSSON E, DOWLATABADI J. Do digital platforms reduce moral hazard? The case of uber and taxis. Management science, 2021, 67(8): 4665-4685.

LOU T, TANG J. Mining structural hole spanners through information diffusion in social networks. Proceedings of the 22nd International Conference on World Wide Web, 2013.

LU S F, RUI H. Can we trust online physician ratings? Evidence from cardiac surgeons in Florida. Management science, 2018, 64(6): 2557-2573.

LUCA M, ZERVAS G. Fake it till you make it: reputation, competition, and Yelp Review fraud. Management science, 2016, 62(12): 3412-3427.

MAHAJAN V, PETERSON R A. Models for innovation diffusion (No. 48). London: Sage, 1985.

MARSDEN P V, PODOLNY J. Dynamic analysis of network diffusion processes. // MARSDEN P V, FRIEDKIN N E. Social networks through time. London: Sage, 1993.

MAYZLIN D, DOVER Y, CHEVALIER J. Promotional reviews: an empirical investigation of online review manipulation. American economic review, 2014, 104(8): 2421-2455.

MEIRE M, HEWETT K, BALLINGS M. The role of marketer-generated content in customer engagement marketing. Journal of marketing, 2019, 83(6): 21-42.

MIN H, LIM Y, MAGNINI V P. Factors affecting customer satisfaction in responses to negative online hotel reviews: the impact of empathy, paraphrasing, and speed. Cornell hospitality quarterly, 2015, 56(2): 223-231.

MOE W W, SCHWEIDEL D A. Online product opinions: incidence, evaluation, and evolution. Marketing science, 2012, 31(3): 372-386.

MOE W W, TRUSOV M. The value of social dynamics in online product ratings forums. Journal of marketing research, 2011, 48(3): 444-456.

MUDAMBI S M, SCHUFF D. What makes a helpful online review? A study of customer reviews on Amazon.com. MIS quarterly, 2010, 34(1): 185-200.

NARAYANAN S, MANCHANDA P, CHINTAGUNTA P K. Temporal differences in the role of marketing communication in new product categories. Journal of marketing research, 2005(XLII): 278-290.

NEWMAN M E J, WATTS D J, STROGATZ S H. Random graph models of social networks. Proceedings of the National Academy of Sciences of the United States of America, 2002.

OESTREICHER-SINGER G, SUNDARARAJAN A. Recommendation networks and the long tail of electronic commerce. MIS quarterly, 2012, 36(1): 65-83.

OFIR C, SIMONSON I. In search of negative customer feedback: the effect of expecting to evaluate on satisfaction evaluations. Journal of marketing research, 2001, 38(2): 170-182.

PARKER E B, SHORT J R, WILLIAMS E, et al. The social psychology of telecommunications. Contemporary sociology, 1978, 7(1): 32.

PATTISON P, ROBINS G. Neighborhood-based models for social networks. Sociological methodology, 2002, 32(1): 301-337.

PROSERPIO D, TRONCOSO I, VALSESIA F. Does gender matter? The effect of managerial responses on reviewing behavior. Marketing science, 2021, 40(6): 1199-1213.

PROSERPIO D, ZERVAS G. Online reputation management: estimating the impact of managerial responses on consumer reviews. Marketing science, 2017, 36(5): 645-665.

PU J, CHEN Y, QIU L, CHENG H K. Does identity disclosure help or hurt user content generation? Social presence, inhibition, and displacement effects. Information systems research, 2020, 31(2): 297-322.

RAVICHANDRAN T, DENG C. Effects of managerial response to negative reviews on future review valence and complaints. Information systems research, 2023, 34(1): 319-341.

RISHIKA R, KUMAR A, JANAKIRAMAN R, et al. The effect of customers' social media participation on customer visit frequency and profitability: an empirical investigation. Information systems research, 2013, 24(1): 108-127.

ROBINS G, ELLIOTT P, PATTISON P. Network models for social selection processes. Social networks, 2001, 23(1): 1-30.

ROBINS G, PATTISON P, KALISH Y, et al. An introduction to exponential random graph ($p*$) models for social networks. Social networks, 2007, 29(2): 173-191.

RYAN B, GROSS N C. The diffusion of hybrid seed corn in two Iowa communities. Rural sociology, 1943, 8(1): 15.

SHENG J. Being active in online communications: firm responsiveness and customer engagement behavior. Journal of interactive marketing, 2019, 46(1): 40-51.

SHRIVER S K, NAIR H S, HOFSTETTER R. Social ties and user-generated content: evidence from an online social network. Management science, 2013, 59(6): 1425-1443.

SONG X, YAN X, LI Y. Modelling liking networks in an online healthcare community: an exponential random graph model analysis approach. Journal of information science, 2015, 41(1): 89-96.

SRIDHAR S, SRINIVASAN R. Social influence effects in online product ratings. Journal of marketing, 2012, 76(5): 70-88.

STEA D, PEDERSEN T. Not all brokers are alike: creative implications of brokering networks in different work functions. Human relations, 2016, 70(6): 668-693.

STELLA M, FERRARA E, DE DOMENICO M. Bots increase exposure to negative and inflammatory content in online social systems. Proceedings of the National Academy of Sciences, 2018.

STEWART A J, MOSLEH M, DIAKONOVA M, et al. Information gerrymandering and undemocratic decisions. Nature, 2019, 573(7772): 117-121.

SUNDARAM D S, MITRA K, WEBSTER C. Word-of-mouth communications: a motivational analysis. Advances in consumer research, 1998(25): 527-531.

SUNDER S, KIM K H, YORKSTON E A. What drives herding behavior in online ratings? The role of rater experience, product portfolio, and diverging opinions. Journal of marketing, 2019, 83(6): 93-112.

TAKADA H, JAIN D. Cross-national analysis of diffusion of consumer durable goods in Pacific Rim countries. Journal of marketing, 1991, 55(2): 48-54.

TAN J, ZHANG H, WANG L. Network closure or structural hole? The conditioning effects of network-level

social capital on innovation performance. Entrepreneurship theory & practice, 2015, 39(5): 1189-1212.

TUTTE W T. Graph Theory. Cambridge, Eng.: Cambridge University Press, 2001.

VALENTE T W. Diffusion of innovations and policy decision-making. Journal of communication, 1993, 43(1): 30-45.

VAN DEN BULTE C, LILIEN G L. Bias and systematic change in the parameter estimates of macro-level diffusion models. Marketing science, 1997, 16(4): 338-353.

VAN DEN BULTE C, LILIEN G L. Medical innovation revisited: social contagion versus marketing effort. American journal of sociology, 2001, 106(5): 1409-1435.

VICKERY G, WUNSCH-VINCENT S. Participative web and user-created content: web 2.0, wikis and social networking. Danvers: OECD Publishing, 2007.

WANG C, ZHANG X, HANN I-H. Socially nudged: A quasi-experimental study of friends' social influence in online product ratings. Information systems research, 2018, 29(3): 641-655.

WANG Y, CHAUDHRY A. When and how managers' responses to online reviews affect subsequent reviews. Journal of marketing research, 2018, 55(2): 163-177.

WANG Y, GOES P, WEI Z, et al. Production of online word-of-mouth: peer effects and the moderation of user characteristics. Production and operations management, 2019, 28(7): 1621-1640.

WASSERMAN S, ROBINS G. An introduction to random graphs, dependence graphs, and $p*$. Models and methods in social network analysis, 2005(27): 148-161.

WATTS D J, STROGATZ S H. Collective dynamics of "small-world" networks. Nature, 1998, 393(6684): 440-442.

WE ARE SOCIAL. Digital 2022. (2022-07-26) [2023-11-28]. https://wearesocial.com/cn/blog/2022/01/digital-2022/.

WETZER I M, ZEELENBERG M, PIETERS R. "Never eat in that restaurant, I did!" : Exploring why people engage in negative word-of-mouth communication. Psychology & marketing, 2007, 24(8): 661-680.

WIGMORE I. Weak ties theory. [2023-10-26]. https://www.techtarget.com/whatis/definition/weak-tie-theory/.

WIRTZ J, MATTILA A S. Consumer responses to compensation, speed of recovery and apology after a service failure. International journal of service industry management, 2004, 15(2): 150-166.

XIONG J, FENG X, TANG Z. Understanding user-to-user interaction on government microblogs: an exponential random graph model with the homophily and emotional effect. Information processing & management, 2020, 57(4): 102229.

XU W, REZVANI M, LIANG W, et al. Efficient algorithms for the identification of top-k structural hole spanners in large social networks. IEEE transactions on knowledge and data engineering, 2017, 29(5): 1017-1030.

YANG M, REN Y, ADOMAVICIUS G. Understanding user-generated content and customer engagement on

Facebook business pages. Information systems research, 2019, 30(3): 839-855.

YIN D, BOND S, ZHANG H. Anxious or angry? Effects of discrete emotions on the perceived helpfulness of online reviews. MIS quarterly, 2014, 38(2): 539-560.

ZHANG J, LIU P. Rational herding in microloan markets. Management science, 2012, 58(5): 892-912.

ZHANG J. The sound of silence: observational learning in the US kidney market. Marketing science, 2010, 29(2): 315-335.

ZHANG X M, ZHU F. Group size and incentives to contribute: a natural experiment at Chinese Wikipedia. American economic review, 2011, 101(4): 1601-1615.

ZHOU J, SHIN S J, BRASS D J, et al. Social networks, personal values, and creativity: evidence for curvilinear and interaction effects. Journal of applied psychology, 2009, 94(6): 1544-1552.

ZHU F, ZHANG X. Impact of online consumer reviews on sales: the moderating role of product and consumer characteristics. Journal of marketing, 2010, 74(2): 133-148.

巴克利, 勒文特. 图论简明教程. 李慧霸, 王凤芹. 译. 北京: 清华大学出版社, 2005.

陈旭辉, 苏晓娟, 崔丽霞. 基于社交媒体关系互动的旅游城市形象负面偏差引导策略: 以 "青岛天价虾" 事件为例. 旅游学刊, 2017, 32(7):47-56.

芬格尔, 杜塔. 社交媒体大数据分析: 理解并影响消费者行为. 杨旸, 译. 北京: 人民邮电出版社, 2016.

哈瑞斯. 指数随机图模型导论. 杨冠灿, 译. 上海: 上海人民出版社, 2016.

洪小娟, 姜楠, 夏进进. 基于社会网络分析的网络谣言研究: 以食品安全微博谣言为例. 情报杂志, 2014, 33(8):161-167.

霍伦森, 科特勒, 奥普雷斯尼克. 社交媒体营销实践指南 (原书第3版). 张寿峰, 张长虎, 译. 北京: 机械工业出版社, 2020.

李忠美, 王晓兰, 宋桂玲. 数字营销下的私域流量搭建与运营实践研究: 以 "爱维尔蛋糕" 微信社群为例. 企业科技与发展, 2021, 36(10): 163-165.

梁湘. 深耕私域流量 赋能新经济. 财富时代, 2019, 34(12): 26-27.

刘运国, 徐瑞, 张小才. 社交电商商业模式对企业绩效的影响研究: 基于拼多多的案例. 财会通信, 2021, 42(2): 3-11.

孟小峰, 李勇, 祝建华. 社会计算: 大数据时代的机遇与挑战. 计算机研究与发展. 2013(12): 2483-2491.

舍恩伯格, 库耶克. 大数据时代. 盛杨燕, 周涛, 译. 浙江: 浙江人民出版社, 2023.

塔娜. "计算传播学" 的发展路径: 概念、数据及研究领域. 新闻与写作, 2020(5): 5-12.

塔腾, 所罗门. 社会化媒体营销. 戴鑫, 严晨峰, 译. 北京: 机械工业出版社, 2020.

特班, 斯特劳斯, 黎秀龄. 社交商务: 营销、技术与管理. 朱镇, 王晓川, 江毅, 等译. 北京: 机械工业出版社, 2018.

吴凤颖. 私域营销: 品牌破局之新方向. 传媒, 2022, 24(2): 30-32.

吴钢. 人文关系网络对国际贸易网络的影响机制及效应研究. 长沙：湖南大学, 2014.

吴锦池, 余维杰. 基于社会网络分析的政务微博影响力研究. 情报科学, 2021, 39(2): 78-85.

熊恒晓. 基于社交电商平台的UGC伦理问题研究. 广州：暨南大学, 2017.

许玉, 宗乾进, 袁勤俭, 等. 微博负面口碑传播研究. 情报杂志, 2012, 31(7): 6-10, 24.

余红菊. 浅析支付宝"中国锦鲤"活动中的管理学原理. 视听, 2019, 18(1): 221-223.

张晓琳, 付英姿, 褚培肖. 杰卡德相似系数在推荐系统中的应用. 计算机技术与发展, 2015, 25(4): 158-161.

中国互联网络信息中心. 第39次《中国互联网络发展状况统计报告》.（2022-04-01）[2023-12-16]. https://www.cnnic.net.cn/n4/2022/0401/c88-1121.html.

中国互联网络信息中心. 第51次《中国互联网络发展状况统计报告》.（2023-03-03）[2023-12-16]. https：//www.cnnic.net.cn/n4/2023/0303/c88-10757.html.